社区营造专业教研书系·教学与研究系列

社区营造专业教研书系·教学与研究系列

清华大学社会科学学院信义社区营造研究中心

社区 × 营造

政策规划与理论实践

COMMUNITY BUILDING

Policy plan and theory practice

王本壮 等 著

社会科学文献出版社
SOCIAL SCIENCES ACADEMIC PRESS (CHINA)

什么是社区营造？我以为其定义就是一个社区的自组织过程，提升社区内的社群社会资本，以达成自治理的目的。

现在我们常常喊社会管理创新，喊社会建设，但如何才能把社会建设落到实处？就是要让民间产生很多自组织小团体，使其既能够自我治理，自己解决很多社会问题，又能在大集体中和谐共存，协商解决矛盾。其中社区是最重要的自治理小团体，我们的社区自组织研究旨在提供将社会建设落到实处的方法。

我们今天看到的许多社会问题在 20 世纪的各国都曾发生，英国、美国、日本等，凡是经历了现代化、全球化、城市化和市场化的国家，都走过和中国今天同样的社会转型之路。这让我们发觉工业时代的管理手段解决不了复杂社会的问题，那么这些国家是怎么走出来的？

20 世纪 90 年代中国台湾也面临这样的社会转型，我以为有两个最重要的社会建设帮助了转型。一是职业社群的自治理，如开展教授学术伦理、律师法治伦理、医生医德、媒体新闻伦理等一系列职业社群自我改良运动。另一个就是社区营造运动，使基层百姓学习如何自治理、自组织以解决问题，通过民主协商实现多元包容、和谐相处。这个运动影响了台湾大部分人，也对台湾政治和社会发展起到了非常关键的作用。

社区营造就是要通过政府诱导、民间自发、NGO 帮扶，使社区自组织、自治理，帮助解决社会福利、经济发展、社会和谐的问题。

首先，现代社区有大量的对养老、育幼、抚残、儿童教育、青少年辅导、终身学习的需求，政府能做的是"保底"，一碗水端平地

社区营造——依靠输血为自我造血的社区

保障每个人最基本的需求；NGO 专业，但杯水车薪，不足以涵盖整个社会的需求。所以能提供这些社会福利的正是社区自身，最关心孩子的是他们自己的父母，最关心老人的是他们自己的儿女，让他们走出家门，结合起来，一起提供这些福利"产品"，这是社区营造的第一要务。

其次，乡村的社区营造更在很多地方发展出后现代的小农经济，注重文化多样性、社区生活重建、生态保育等几个方面，发展品牌农业、特色农业、观光农业、食材特供基地、休闲旅游、深度旅游等。这帮助拉近城乡间的差距，在部分地区解决了乡村空心化的问题，为新城镇化找到城乡平衡发展的道路。我们现在习惯把"三农"问题称为问题，但其实恰恰相反，"三农"不是问题，"三农"才是未来产业发展的重大宝库。

再次，社区营造的另一个重点是它可以保存中华文化基因的多样性，只有社区保留了，新生了，多元多样的中华文化才有实质的内容，而不是博物馆中的摆设。政府与商业主导的开发常常把社区连根拔起，连带拔起的是许多孕育几百年甚至千年的文化。我们如果把社区营造这个维度加进去，社会应用自有的管理与组织抵御商业对本地固有生活的侵蚀，中华文化基因多样性才能被保存，我们的文化创意产业才会有根基。

最后，也是最重要的，道德复兴不是通过喊喊口号或道德说教就能得到的，只有在小团体的声誉机制及监督机制中，道德原则化成不同群体的非正式规范，在自治社群内的日常生活里，人们相互监督又

社区 X 营造 政策规划与理论实践

相互惕厉，现代生活的伦理才能落地。

　　一个和谐社会的建立需要解决众多的民生问题，缩小城乡的收入差距，保持和而不同的多样性，建设符合现代生活的伦理，这些就是每一个社会转型过程中，社区营造是那么重要的原因。

　　　　　　　　　　　　　　　　　　罗家德笔于清华园

清华大学社会学系获得台湾的信义房屋周俊吉理事长的支持成立了社区营造中心，同时，有意将台湾的社区营造经验整理出来供大陆参考，由社会科学文献出版社出版。社区营造的经验是台湾这些年来最值得讨论的关于空间与社会、专业与政治的课题，值得写几句话作为大陆与台湾互动的寄语。

就一个发展中社会而言，在欧美20世纪60年代社会运动的历史脉络中形成的社区设计（community design）原来是没有在中国台湾实践的历史条件的，社区营造政策在台湾的建构有特定的政治时空。李登辉在任时需要草根社会的支持力量来获得政治上的正当性，当时的"文建会"副主委陈其南所主导推动的"社区总体营造"政策遂取得了政治的空间来面对民主化过程中所释放的社会力量，或者说台湾当局必须以政策来面对已经动员了的社会。一方面，这种由上而下的社区营造政策的执行过程对当时台湾发生的社区运动有收编的效果与官僚机构执行形式化的后遗症。另一方面，台湾的草根社区也终究有机会参与地方环境改善的决策过程。社区营造，其实就是社区培力（community empowerment）。

对于台湾而言，社区营造可以提供资源，作为收编社区动员的手段，具有交换地方治理的正当性。这时，对台湾草根社区的考验，就在于如何处理社会与政权的关系，会不会以政治上的忠诚，交换选票或是资源，而这个过程经常继续复制的是父权文化的不平等关系。

所以，对台湾而言，关键在于社区动员与社区培力的过程中，如何有机会建构社区的主体性，知道草根社区自己的位置与角色，避免政治收编，也避免社区内部因单方面竞争资源而造成的分裂。这是市民社会建构的必要过程，提供了社区参与的机会与折冲斡旋的政治空间，这就是参与式规划与设计的过程。也因此，公共空间的营造特别值得分析。

对于空间规划与设计相关的专业者而言，社区营造提供了一种社会学习的机会，脱离现代学院的封闭围墙与现代设计专业上的形式主义陷阱。专业者与民间社会互动，得以回到历史的中心。社区营造过程中的社会建筑，有助于市民社会的形成。

台湾大学建筑与城乡研究所名誉教授夏铸九

2013 年 5 月于河南嵩山会善寺

社区 X 营造｜政策规划与理论实践

从台湾地区行政事务主管机关文化建设委员会单一部会开始推动的"社区总体营造"政策方案，在足以让一个幼儿茁壮成长为成人的二十年间，对台湾地区社会产生深远的影响。我们可以观察到社区营造的政策在历经数次的政党轮替后一直持续存在，甚至扩散到台湾地区的各个部会。这样一个能获得多方共识而长期屹立不倒的政策，是非常值得去深入探讨与分析的。

社团法人台湾社区培力学会特别邀请了多位专家学者分别从政策规划与执行以及理论建构与实践，这两个面向撰写专文。期望能透过不同的角度观察与研析台湾社区营造的推动历程，尤其是其如何在政治、经济、教育、文化、产业等不同的领域中被认知、被理解，以及被实践的。特别值得一提的是，台湾地区的社造经验在近年来逐渐扩散到大陆。清华大学社会科学学院也在台湾地区信义集团周俊吉董事长的支持下，由社会学系罗家德教授主导成立"信义社区营造中心"。而中心的执行顾问孙瑜博士则应邀在本书发表了首篇以北京市为例，展现大陆城市社区治理脉络的案例。

社区营造是台湾地区自经济发展后再次向世人展现的社会改革与治理的重要经验。我们相信浸润在这样情境中成长的所谓"90后"的"社造世代"，将是在未来带领社会迈向康庄坦途的生力军。最后要感谢本书的每位作者，您已经写下历史上重要的一页！

王本壮

台湾联合大学创意统合设计研究中心主任

社团法人台湾社区培力学会理事长

台湾地区的社区营造政策自 1994 年推动迄今已逾二十年，其可以分为四个主要阶段：1994 年以前为"酝酿阶段"。1965 年，由行政事务主管机关颁布的"民生主义现阶段社会政策"中首度提及"社区发展"，并于 1969 年通过"社区发展工作纲要"，在各地成立"社区发展委员会"，以社区理事会（1991 年修改为社区发展协会）为执行机构；而后在 1987 年，台湾地区解除长达三十八年的戒严，社会全面松绑，民主思想逐渐萌芽，原来只有区域性的社区运动发展为台湾地区的社会运动，甚或是学生运动。此阶段台湾当局开始关注社区工作，虽然是由上而下的模式，但也为台湾地区奠定了民生基础，并间接促使民众留意生活环境的危机，进而为社区发声。

1994 年至 2001 年为"实验阶段"。1994 年，行政事务主管机关"文化建设委员会"（简称文建会）代表当局提出"社区总体营造"（简称社区营造或社造）之政策概念，并以"辅导美化地方传统文化建筑空间计划"具体落实社造政策。1995 年，台北市政府推出"地区环境改造计划"，是为地方政府推动社区营造政策的滥觞。1990 年代中期，社区营造的理念逐渐在其他政府部门发酵，例如，"环保署"推动"生活环境总体改造计划"、台湾地区"文化处"提出"校园我的家"计划、经建会拟订"创造城乡新风貌计划"，以及台北市成立全台湾地区第一所社区大学——"文山社区大学"。1999 年，哀逢"9·21"地震，加速社区营造的理念由文建会扩散至台湾地区各部会，此阶段所有实验性的计划经验在灾后重建中得到实践与检视。

2002 年至 2007 年为"扩展阶段"。2002 年，社区营造政策正式被提升为台湾地区级计划，在台湾地区提出的"挑战 2008 ——台湾发展重点计划"中，"新故乡社区营造计划"被列为第十项重点计划，由七项分项计划构成，执行的单位包括"二部四会二署"，社区营造的五大主题"人文地产景"都涵盖在内，并由文建会担任政策推动幕僚，成立"新故乡社区营造计划推动办公室"，扮演政策整合、计划沟通以及合作促成的角色；2005 年，台湾地区进一步提出"台湾健康社区六星计划"，正式开启台湾当局各部会与县市政府各局处间以"社区营造"为焦点的对话和合作。此阶段可谓社区营造的蓬勃发展时期，不仅有效地让民间人士的努力与政府的职能做更清楚的对应，同时激起地方重视社区工作。

2008 年至 2015 年为"转型阶段"。2008 年，文建会提出磐石行动方案，以"地方文化生活圈"区域发展的概念为出发点，规划"磐石行动——新故乡社区营造暨地方文化馆第二期计划"之双核心计划。2012 年 5 月 20 日，文建会升格为文化事务主管机关，提出"泥土化"、"产值化"、"国际化"及"云端化"四大理念方针，其中因应"泥土化"这一施政主轴，推行"村落文化发展暨推广计划"。2014 年，文化事务主管机关有感于社区营造政策需要创新与突破，以实验性质推出"'文化部'推展社造创新活力网络计划"及"青年村落文化行动计划"。此阶段的社区营造政策尽管面临乏力的危机，却也促使政府部门、社区与第三部门积极思索转型的可能性，以因应这瞬息万变的大社会。

综观上述台湾社区营造政策的发展演进，本书共分为两大部分，依序为"政策规划篇"与"理论实践篇"。

"政策规划篇"是以不同的角度阐述社造理念，在多元的讨论模式中提出对社区营造未来政策的规划与思考，给予读者解读的空间。

王本壮老师从社会治理面向检视社造政策对台湾地区各个层面的影响力，将社区营造新政策的愿景定位在"社造领航、文化先行"，从既有的社区营造的精神基础（居民参与、由下而上、社区自主、永续经营）持续推展固本培基的工作（培力），并整合"泥土化"政策的理念，向上发展扩大参与、社造素养、公私协力与网络平台的维新机制。

曾旭正老师由行政决策面向探讨公部门如何整合推动社区协力政策，提出三个行政层级（"中央"部会、县市政府及乡镇市区公所）政策分工的理想图像，并借其近年来于台南市操作公所社造化的经验提出推动机制，以期能协助乡镇市区公所，并强化社造政策失落的"公所行政社造化"。

周芳怡老师聚焦于文化事务主管机关推动二十余年的社区营造政策，以"双圈六角互动模式"理论探究台湾当局、地方政府、公所、社区、企业和专业团队，各相关主体间的角色与互动关系之调整及改变。例如，台湾当局与地方管理机构应增奖励减补助，公所社造角色应逐渐凸显，社区趋向自主运作，企业投入社造，以及专业团队转型为社会企业。

孙瑜博士长期观察台湾地区及大陆的社区营造（社区治理），大陆社区政策变革轨迹让读者了解大陆在经历了市场主义的社区服务产业化发展、威权主义的城市管理体制改革与基层政权重建，现已进入以民生福祉为导向的多元社区治理时期，并以北京市社区治理的多种尝试为例，说明大陆城市社区实践的类型，以及未来走向。

李永展老师引用韧性社会理论，指出在面临全球化及全球变暖的双重挑战下，"脆弱度－调适－韧性"是一个崭新的风险社区内涵，台湾地区如何在双重挑战下，建构一个遭遇外来扰动后仍可维持主要功能、不致整体崩溃的社区，即透过社造力量，提出社区营造与韧性社会联结之可能，以形成具有永续性的韧性社区。

"理论实践篇"是社区营造政策的应用与经验分享，台北市的社造仿佛经历了一场华丽的社造运动，"中央"部会延续社造理念各自发展文化、教育、农业层面的成果，近期企业也开始投入社造。

台北市的社造发展源自20世纪80年代，以城市规划带动社区参与，并进行一系列草根崛起的规划翻转，而后历经时代转型的挑战，自2009年起倡议"软都市主义"，并将其纳入城市再生策略，推展全面且广泛的城市行动。林崇杰局长长期深耕于台北市的都市发展工作，遂从台北市社区营造的推动策略与发展愿景探讨一个城市再造的实践之路。

文建会于1994年提出"辅导县市主题展示馆之设立及文物馆藏充实计划"，并于2002年推动"充实地方文化馆计划"，此与刘镇辉老师所探讨的生态博物馆有政策发展的渊源，文章以猴硐煤矿博物园区、大溪木艺生态博物馆、土沟农村美术馆为案例，透过各项实践经验及执行成果，对于台湾社区营造迈向可持续性发展的启示与建议。

1998年，教育事务主管机关发表《迈向学习社会》"白皮书"；同年，台湾地区第一所社区大学成立，正式建立推动终身教育学习体制的机构。黄世辉老师以经营社区大学多年的经验，透过台北市文山社区大学、云林县山线社区大学及台南市台南社区大学台江分校三个案例检视"社区大学"对市民社会形成的施力与阻力，以及社区营造融入社区大学课程的窘境。

"农委会"于2004年推出"农村人力培训计划"，2006年开始培训"农村营造专员"，2008年设立"农村再生专员班"，2010年"农村再生条例"公布实施。柯勇全科长借由观察2009年首批投入农村再生试办之14个农村社区，分别探讨其在试办期、培根计划、提出农村再生计划及计划执行等阶段，农村社区在投入农村再生过程中所发生之变化及成果。

2004年，信义房屋透过企业的力量，提出"社区一家计划"，不仅提供奖助经费，更透过企业员工的投入，协助有心提升社区生活质量与居住环境的团体或个人，实现其改造社区的梦想。王本壮老师与社区一家工作小组执行长张筑雯，从信义房屋推动社区一家计划研究第二部门投入社区工作，除了实践企业社会责任外，还有其他的可能性。

二十余年来，让社区营造理念扎根于台湾地区社会，本书融合多元模式与理论探究社造政策，并收录城市社造工作的运作经验，以及各部会与企业实践社造的理念，希望以不同的面貌展现社区营造的精神，以此引领读者对于社造有新的认识。

文／蓝忻怡

社团法人台湾社区培力学会秘书长

序号	文章名称	作者	作者现职
1	社区营造3.0政策规划之刍议	王本壮／蓝忻怡	台湾联合大学建筑学系副教授兼创意统合设计研究中心主任／社团法人台湾社区培力学会秘书长
2	公部门如何整合推动社区协力政策	曾旭正	台湾台南艺术大学建筑艺术研究所教授借调台南市副市长
3	社区总体营造运动20年之回顾与展望	周芳怡	台湾台中科技大学通识教育中心助理教授
4	浅谈大陆城市地区的社区治理状况——以北京市为例	孙瑜	清华大学公益慈善研究院博士后研究员、清华大学信义社区营造研究中心执行顾问
5	社区营造与韧性社会之联结	李永展	台湾"中华经济研究院"研究员
6	一个城市再造的实践之路：台北市社区营造的推动策略与发展愿景	林崇杰	日本东京大学工学博士、台北市政府产业发展局局长
7	生态博物馆：台湾社区营造迈向可持续性发展的启示与建议	刘镇辉	台湾大学地理环境资源学博士
8	社区大学对市民社会形成的施力与阻力	黄世辉／邱勇嘉	台湾云林科技大学设计学研究所与创意生活设计系教授兼设计创新技术研发中心主任／台湾云林科技大学设计学研究所博士生
9	农村社区导入农村再生计划之观察	柯勇全	德国波昂大学粮食及资源经济研究中心博士后研究、台湾"农业委员会"水土保持局农村建设组农村培力科科长
10	从企业社会责任出发：向社区学习如何营造幸福生活	王本壮／张筑雯	台湾联合大学建筑学系副教授兼创意统合设计研究中心主任／社团法人台湾社区培力学会项目执行长

作者简介

社区 X 营造 | 政策规划与
理论实践

理论实践篇 / 125

政策规划篇

社区营造3.0政策规划之刍议

王本壮

　　台湾政治大学地政学系哲学博士、美国得州大学奥斯汀校区建筑都市设计硕士、中原大学建筑系建筑学士。现任台湾联合大学建筑学系副教授兼创意统合设计研究中心主任、社团法人台湾社区培力学会理事长、台湾社区营造学会理事。曾任台湾联合大学建筑学系系主任、台湾社区一家协进会理事。专长于社区环境空间规划设计、环境行为学研究、社区营造、文化创意产业等。曾主编《社区终身学习体系的政策、理论与实务》，合著《社区营造研习教材——入门功夫篇》《落地生根：台湾社区营造的理论与实践》《开枝散叶：台湾社区营造的捕梦网》。

蓝忻怡

　　社团法人台湾社区培力学会秘书长兼项目执行长

文章导读

1994 年，文建会代表台湾当局提出"社区总体营造"政策，在时空上正好接合了台湾社会运动的结构性转变（即打破既有的社会结构，如威权体制、贫富阶级、劳资关系等）。当时日本社区营造专家宫崎清教授提出社区营造有五大资源面向，分别为人、文、地、产、景，文建会据此展开一系列丰富精彩的台湾社区营造。

文建会前主委陈其南在 1995 年发表的文章中强调"社区营造"代表一种思想模式的转变，是在进行一场"宁静革命"，从营造一个新的人，也就是从"造人"开始，进而营造一个新的社会、新的国家。时隔二十余年，社区营造随着社会的变化而变化，云林科技大学设计创新技术研发中心（设创中心）主任黄世辉依循社区营造五大资源（人、文、地、产、景）的基础，提出符合当代台湾地区或未来的政策发展，其强调应该回归到"造人"思考，以人为主体（人才培力），再向外发展文化、产业、地景的营造。

未来社区营造的政策拟从既有社区营造的精神基础（居民参与、由下而上、社区自主、永续经营）持续推展固本培基的工作（社区营造人才培力），并整合"泥土化"政策的理念，向上发展扩大参与（多元性）、社造素养（自主性）、公私协力（创新性）与网络平台（持续性）的维新机制；易言之，文化是推行社区营造的动力，在社造领航（基础）下，从生活文化中实践市民社会，盼能在未来将青年、黄金人口与民间企业转化为社造的行动力，协助社区弱势（含偏

社区 X 营造 政策规划与理论实践

僻乡村与新住民），实现扶持利他的理想。基于此，将新政策的愿景定位在"社造领航、文化先行"，期望透过社区营造过往二十余年的历程，以人为主体的核心价值，培育具有文化素养的文化市民，健全市民社会的发展，最后促成"社造3.0——'心'幸福的能量"。

一 台湾地区社造政策的脉络检视

台湾地区，一个拥有福尔摩沙别称的美丽宝岛。在自然资源上，得天独厚的地景样貌造就生机勃勃的生态环境；在人文面向上，多次的人类迁徙使族群文化兼具多元性与独特性；基于此，资源的保存与永续成为台湾地区未来发展的重要课题之一。然而，全球化（globalization）让许多地方文化渐趋消逝与扁平，各地逐渐发觉因在地化（localization）而产生的文化记忆对于在地居民与文化传承的重要性；观察台湾地区，自1960年代起，社区发展崛起，而后来到社会运动与社区营造并行的时代，皆是因应全球化与在地化的趋势，期望居住于此的居民们，在社会一直向前迈进的同时，还记得回到土地、回到社区，不忘生活的初衷。

1994年，文建会代表台湾当局提出"社区总体营造"政策，其概念主要来自日本的"造町运动"。依据日本千叶大学宫崎清教授的看法，社区营造的产生，是由于社区崩坏，需要积极探求解决社区问题的良方，以期"创造更好的生活环境"（陈玲芳等，2010）。台湾地区则定义为"……以'社区共同体'的存在和意识作为前提和目标，借着社区居民积极参与地方公共事务，凝聚社区共识，经由社区的自主能力，配合社区总体营造理念的推动，使各地方建立属于自己的文化特色，也让社区居民共同营造‘产业文化化，文化产业化’、‘文化事物发展’、‘地方文化团体与社区组织运作’、‘整体文化空间及重要公共建设的整合’及其他相关的文化活动。如此，社区居民的自主与参与，使生活空间获得美化，生活质量得以提升，文化产业经济再行复苏，原有的地景、地貌焕然一新，而促使社区活力再现。"（文建会，1995）

2002年至2007年文建会配合行政事务主管机关推动"挑战2008——台湾发展重点计划"提出"新故乡社区营造计划"，2007年10月再以"地方文化生活圈"区域发展的概念为出发点，规划"磐石行动——新故乡社区营造暨地方文化馆第二期计划"（2008年至2013年，2013年延展至2015年），旨在提升社区文化生活及自治质量，推出艺文参与的社区营造方式，带动更多社区民众的参与，凝聚社区的情感，激起对于家园的关怀，增进参与公共事务之能量，落实营造人的目标。其中为避免社区混淆，社区营造工作沿用"新故乡社区营造"之计划名称，并强化居民参与，由社区开始培养"市民意识"，让社区自己来管理自己（陈玲芳等，2010）。

"社区总体营造"是台湾地区近年来最具突破性的文化政策，不仅由文建会积极推动，还影响到其他部会的施政计划（文建会，1999）。2005年，行政事务主管机关提出"台湾健康社区六星计划"，清楚地指出社区生活中值得投入营造的六个面向：产业发展、社福医疗、社区治安、人文教育、环保生态、环境景观；较之过往引自日本经验所强调的"人、文、地、产、景"更为明确，也能有效地让民间的努力与政府的职能做更清楚的对应；"社区营造"业务由此开始从以文建会为主的有限部会扩展到其他部会，同时激起地方行政管理机构重视社区的风潮，开启县市政府各局处间以"社区营造"为焦点的对话与合作（"行政院"，2005）。虽然，"台湾健康社区六星计划"仅执行至 2008 年，但已成功促成政府部门的相关行政单位对于"社区营造"的重视，以及协助民间组织检视自身营造社区的成果，从中获取尚可努力的方向。

2012 年 5 月 20 日文化事务主管机关 ①（前身为文建会）正式成立，提出"泥土化""产值化""国际化"及"云端化"四大施政方针，其中因应"泥土化"这一施政主轴，推行"村落文化发展暨推广计划"，以持续培植台湾地区人民的文化素质，深入各地"村落"，透过民间参与，全方位提升市民文化意识，另以"文化权平等"理念及照顾弱势族群文化参与之观点，均衡分配文化资源、缩短城乡文化差距。文化事务主管机关透过不同"社区协力政策"的辅导，培植文化市民，期望县市或乡镇市区公所、社区具备自我检核的能力，盘整实际需求后再提案，而非盲从政策引导而提案；同时，当社区了解如何善用公部门的资源后，可以让政府的政策发挥最大的效益。

从"社区总体营造政策"到"新故乡社区营造计划"，再到"盘

---

① 行政事务主管部门文化建设委员会（简称文建会）设立于 1981 年 11 月 11 日，为顺应趋势与配合台湾当局组织改造，于 2012 年 5 月 20 日改为文化事务主管机关。

石行动——新故乡社区营造暨地方文化馆第二期计划"，社区营造在"造人"（民众培力）的基础上，推动"造景"（景观），进而发展至"造产"（产业），旨在凝聚台湾地区民众的社区共同体意识，形成厚植台湾地区民主的根基，并促进台湾当局的整体发展。以"民众参与"与"由下而上"的精神，让居住在社区的居民，自发地参与地方各项工作，然后结合产官学，共同经营与再造；希冀以此途径与策略，成功唤起民间力量，与政府形成"伙伴关系"，促使社区民众与台湾当局齐心合作，为台湾地区整体的发展，共同投入心力。

二　台湾社造政策的社会影响

经过长期的耕耘，社区营造已成为实在的在地文化，更是台湾地区最坚强的软实力，这股社区软实力近年来在华人世界中逐渐发光。社区营造政策自1994年至今（2015年），走过二十余年的历程，从人、文、地、产、景五大面向看台湾地区各社区案例呈现的具体成果，我们可以发现累积的丰硕果实已然深植民间，本文汇总文化事务主管机关社区营造重要发展历程及其影响性，如表1-1所示。

表1-1　文化事务主管机关社区营造发展历程及其影响性

重要发展历程	推动方式	影响性
1994年台湾地区文艺季（人亲土亲文化亲）	传统社区参与	文化解严

重要发展历程	推动方式	影响性
1994 年提出社区营造概念至 2001 年	传统空间、产业介入社区	建立互助情感
2002 年创意心点子计划	文建会与"营建署"合作	启动社区营造跨部会合作
2003~2005 年新故乡社区营造计划（计划执行期程：2002 年至 2007 年）	整合部会合作及社区资源	强化社区自主解决问题能力
2005~2007 年台湾健康社区六星计划	社区自主跨面向发展	培育民主社会的文化市民
2008 年新故乡社区营造第二期计划	社区艺文多元操作及创意进入社区	公私协力共同解决社区问题

承上述，社区营造政策对于台湾地区而言，不仅仅是文化政策，在市民社会的养成上形成了助长的最大力量，过去的二十余年，民众借由社区营造参与生活环境中的公共议题，学习如何解决问题，使居住的环境朝更好的方向发展。顺此发展，至今的台湾地区人民已具备关注大环境的公共议题的意识，例如，1994 年，美浓爱乡协进会成立，由反水库运动开始，转为永无止境的社区运动，并举办第一个客家生态人文祭典"美浓黄蝶祭"；2013 年的洪仲丘事件中，各行各业素不相识的网友发起行动联盟，希望借由诉求让事件真相出炉，并且要求"国军"改革，摒除以往的陋习及潜规则，在洪案事件后，除了持续监督军审法修法问题及协助军中受难家属外，另外更以联盟形式推动市民觉醒及提倡市民权。前者彰显在社区营造与社会运动并行的时代，民众开始关注己身居住的环境，进而促成市民意识的觉醒；后者凸显以议题为主的社群营造逐渐崛起，尤其由虚拟网络所形成的关

系及力量不容小觑。以下就二十余年来，社区营造政策对台湾地区社会形成的影响力进行说明。

社会影响一：节省社会成本

文化事务主管机关于 2014 年办理的"社区营造愿景论坛暨共识交流会"上，与会者提及社区营造政策其实为台湾当局节省了许多社会成本，因为文化事务主管机关的培力，民众的自觉意识被激发，主动积极寻求资源，进而协力改善周遭的生活环境，是故，政府部门不用额外耗费人力、物力和时间等资源的投入，例如，1999 年间，花莲县寿丰乡丰坪村丰正路段，连接台十一丙线至花莲溪岸，常有砂石车以快捷方式借道行驶，据当时统计，每日穿梭此巷道的砂石车高达 200 辆以上，给社区造成环境、噪声污染，以及交通安全的威胁；为杜绝砂石车再度横行社区，社团法人花莲县牛犁社区交流协会于 2002 年征得该巷道 11 户地主的同意，并在寿丰乡公所的支持下，以搭设"绿色隧道"为名，种植爬藤植物，成功迫使砂石车改道；由于社区居民的努力，减少了后续可能发生的危险，省去了社会可能需要为砂石车带来的灾害所付出的代价。

社会影响二：社区营造是"造人"的计划

社区营造政策同时也是社会教育发展历程中不容忽视的环节，诚如文建会前主委陈其南所提及的："教育事务主管机关是做学校体制内的教育，文化是做学校体制外的教育。"所以社区营造可被视为"造人"的政策。政府部门每年都有办理社区营造人才培育的课程或工作坊，文化事务主管机关"文化资源司"的调查分析显示，文化事务主管机关每年平均可培育 1 万 7325 人次社造人才，二十余年达 34 万 6500 人次，每年辅导超过 700 个社区，累计已超过 6000 个社区（来自 4411 个村落，占台湾地区 56％村里）。文化事务主管机关透过观念及能力的改造，培育具备社造素养的文化市民，使社区向其他部会申请提案补助，扩大社造参与面向。以下列举二十余年落实于各部会的历年相关计划。

表 1-2　落实于各部会的社区营造政策历年相关计划

部会	各部会历年推动的社区营造相关计划
内政事务主管机关	城镇风貌形塑整体规划计划、防灾社区实施计划
卫生福利事务主管机关	健康生活社区化计划、长期照护服务网
经济事务主管机关	地方特色暨社区小企业辅导计划、地方小镇振兴计划、商店街区再造计划
劳动事务主管机关	多元就业开发方案、培力就业计划
教育事务主管机关	社区大学、校园安全学区维护、创造偏乡数字机会推动计划、小学办理儿童课后照顾服务
交通事务主管机关	观光客倍增计划——套装旅游路线
"农委会"	农村人力培训计划、农村再生培根计划、营造农村新风貌计划、社区林业计划
"客委会"	客家文化生活环境营造计划、客家特色产业创新育成计划、客家特色产业发展计划
"环保署"	社区环境改造计划、清净家园计划

部会	各部会历年推动的社区营造相关计划
文化事务主管机关（文建会）	社区总体营造奖助须知、充实乡镇展演设施计划、辅导美化地方传统文化建筑空间计划、辅导县市主题展示馆之设立及文物馆藏充实计划、社区文化活动发展计划、社区文化再造计划、社区环境改造计划、文化产业之发展与振兴计划、地方文化产业振兴计划、开发利用文化资产与文化环境计划、行政管理机构社区总体营造心点子创意征选活动、新故乡社区营造暨地方文化馆计划（充实地方文化馆计划、社区营造人才培育计划、开发利用地方文化资产与文化环境计划、行政机制社造化计划、社区艺文深耕计划、社区营造创新实验计划、新故乡成果展现计划）、新故乡社区营造第二期计划（行政造化计划、社区文化深耕计划、社区创新实验计划）、地方文化馆第二期计划、社区营造亮点计划、村落文化发展暨推广计划、文化事务主管机关推展社造创新活力网络计划、青年村落文化行动计划、"9·21"震灾重建区生活重建补助计划、莫拉克台风灾后重建专业团队及社区陪伴计划、社区组织重建辅导计划、莫拉克台风灾后永久屋基地文化种子培训计划、文化创意产业发展法、价值产值化 – 文创产业价值链建构与创新计划

社会影响三：带动第二部门（企业）参与社造意愿

除此之外，社区营造政策不仅在政府部门的各部会形成涟漪效应，还有台湾当局第二部门的投入参与，最引人关注的是信义房屋自2004 年发起的社区一家计划。从"社区一家赞助计划"到"社区一家幸福行动计划"，信义房屋用实质的资金挹注与企业志工的社区服务，拉近人与人之间的关系，并成功传达以人为本之"信任带来新幸福"的企业理念，同时规划多元的配套方案，例如，开展"幸福社区见学活动"，体验与学习如何善用其他社区的经验，进行自我反思，达到互相观摩、相互成长的目的;"网络人气票选活动"则号召网友以网络投票按"赞"的方式,鼓励自己支持的提案,主要是想借此让更多的人了解有哪些人正在为这片土地付出。社区一家走过10年,鼓励许多人关心社区大小事,致其影响范围扩及至全台384个乡镇市区,累计有6671个计划构想被提出来讨论,并协助1271个社区单位实践梦想(王本壮、蓝忻怡,2014)。

另外,根据内政事务管理机关的数据显示,台湾地区有万家以上的非营利组织,每年有超过400亿新台币的爱心捐款,但超过80%集中在前几大公益团体,许多中小型社福团体却常因知名度不高,或不懂得如何自我宣传营销,而面临募款不足及营运困难等窘境(台新银行公益慈善基金会,2014)。台新银行公益慈善基金会为了帮助真正需要帮助的团体或个人,自2010年起推出台湾地区第一个大型网络公益慈善活动"您的一票,决定爱的力量",以"更多机会被看见,更多改变会实现"邀请社福团体提出自己所规划的公益慈善方案,网友投票决定公益基金捐助的对象,后续基金会还有志工协助辅导社福团体完成提案。而最值得提及的莫过于基金会透过活动串联至少40个企业伙伴,被称为"台新爱心天使团",其提供各种资源与协助,例如,17life提供团购网资源,每月17日于网上贩卖一档限时限量的公益商品,不收取任何费用,全部收入皆归社福团体所有,以此培养社福团体的自立能力并期望对其小额募款有所帮助。台新银行公益慈善基金会将有限的捐助资源分配给被认同的社福团体,以期社会资源得以公允分配,至2014年,公益基金已挹注达333个社福团体(台新银行公益慈善基金会，2016）。

第二部门的投入有许多方式与渠道，前述两个案例属全台湾地区的资源投入，引发民众热烈的讨论并参与；当然也有在地企业的协助，例如，位于彰化县的帝宝工业股份有限公司为响应企业文化回馈乡里，肩负社会教育责任，透过财团法人帝宝教育基金会投入协助办理公益性教育事业。而南投县中寮乡的社团法人龙眼林福利协会自"9·21"震灾后，便长期深耕社区产业及社会福利事务，企业文教基金会的执行长在一次偶然的场合认识协会的总干事，并多次拜访中寮乡，经踏查后认同协会的经营宗旨，遂于2010年起每月捐助十万新台币，协助协会事务运作。

社会影响四：民间自主开展灾后重建互助交流

二十余年来，台湾地区因为社区营造而与亚洲其他国家和地区的互动交流也很频繁，其中地震灾后重建的交流以日本及中国大陆为最。与日本灾后重建交流的例子以南投县埔里镇桃米里生态村的纸教堂最为闻名，结合众多义工与社会资源搭建而成的纸管教堂（原鹰取教会的 Paper Dome），在阪神大地震后的十年间，跨越国籍、宗教，扮演着社区重建过程中人与人之间的桥梁的角色，是野田北部地区居民交流的场所；诚如神田裕神父所说的"社区营造，就是交朋友"，于是，2005 年在鹰取教会、日本"鹰取 Paper Dome 台湾地区再利用计划执行委员会"以及"鹰取 Paper Dome 台湾再生计划台湾推动委员会"的帮助下，于埔里镇桃米里孕育新的生命（新故乡文教基金会，

2014）。至此，新故乡文教基金会与日本鹰取教会建立伙伴关系，后续还有协助日本"3·11"灾区大槌町基地的彩绘行动；2014年台湾地区第一个由乡镇自主成立的南投埔里Butterfly交响乐团弦乐五重奏，从"9·21"灾区埔里，飞到日本东京Suntory Hall参加"槌音项目"募款音乐会，为2011年日本东北地方太平洋近海地震重灾区——日本岩手县大槌町筹募建立乐团以及兴建音乐厅的经费。

图1-1　南投县埔里镇桃米里的纸教堂新故乡
见学园区（照片提供：陈品竹）

社会影响五：引动大陆社会组织及企业参与社造工作

台湾社区营造政策的成功案例，对于受全球化影响，逐渐对外开放的大陆而言，着实是最好的学习对象。清华大学借镜台湾社区营造中心的经验，以上海市作为大陆社区营造中心的实验基地；恩派

图 1-2　恩派于深圳展示"屋里厢社区服务
中心计划"成果

（NPI）公益组织发展中心在上海市推行"屋里厢社区服务中心计划"，作为社区发展的平台机构、受行政主管部门委托管理的公共服务设施等；同时恩派（NPI）还协助执行汇丰银行所资助的"中国社区建设计划"，多次到台湾地区与社区组织、社造工作者，及信义房屋的"社区一家计划"进行参访交流，而后在大陆展开"里仁为美·社区一家"计划，此计划是大陆首个在政府的指导下，由企业发起、公益性社会组织参与合作的系统支持社区建设的项目，前瞻性地以城市社区这个社会基本单元的建设和发展为切入点，采用杠杆式的、有针对性的资助方式，地点锁定在京津、长三角（上海市、江苏省、浙江省）、广东等地的大城市，希望以实际行动助力和谐社区的建设，促进社会的可持续发展（恩派，2014）。

三　社区营造 3.0 之政策发展方向

1994 年，"社区总体营造"政策的提出，在时空上正好接合了台湾地区社会运动的结构性转变（即打破既有的社会结构，如，威权体制、贫富阶级、劳资关系等）。当时日本社区营造专家宫崎清教授提出社区营造有五大资源面向，分别为人、文、地、产、景（如图1-3所示），展开一系列丰富精彩的台湾社区营造活动。

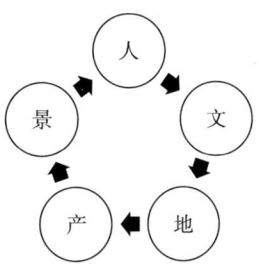

图1-3　社区营造五大资源

文建会前主委陈其南在1995年发表的文章强调"社区营造"代表一种思想模式的转变，是在进行一场"宁静革命"，从营造一个新的人"造人"开始，进而营造一个新的社会。时隔二十余年，社区营造随着社会时代脉动的变化，云林科技大学设计创新技术研发中心主任黄世辉建议依循社区营造五大资源（人、文、地、产、景）的基础，提出符合当代台湾地区或未来的政策发展应该回归到"造人"思考，以人为主体（人才培力），再向外发展文化、产业、地景的营造，如图1-4所示。

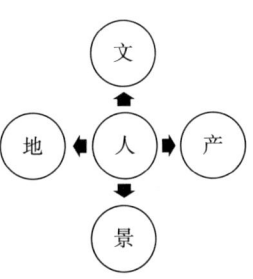

图1-4　社区营造政策发展主体

专家学者指出以人为主体的重要性，这一点反映在管理部门的政策中。2014年，台湾地区行政管理机关针对不同的年龄族群，提出"为年轻人找出路，为老年人找依靠，为企业找机会，也为弱势者提供有尊严的生存环境"的目标；质言之，未来文化事务主管机关应持续致力于社会教育的深耕，以文化思维进行文化市民再造。此外，站在地球村的基础上，文化事务主管机关曾提及"台湾社区营造的历程及经验，这是草根民主重要的体现，也是台湾地区重要的民主成果，未来将透过各种方式与中国大陆、新加坡、日本、东南亚及其他欧美国家与地区进行的交流与经验分享，扩大台湾地区独特的社区营造影响力"（"文化部"，2014）。本文建议社区营造的未来政策应就既有社区营造的精神基础（居民参与、由下而上、社区自主、永续经营）持续推展固本培基的工作（社区营造人才培力），并整合"泥土化"政策的理念，向上发展扩大参与（多元性）、社造素养（自主性）、公私协力（创新性）、网络平台（持续性）的维新机制；换句话说，文化是推行社区营造的动力，在社造领航（基础）下，从生活文化中实践市民社会，盼能在未来将青年、黄金人口与民间企业转化为社造的行动力，从而协助社区弱势（含偏僻乡村、新住民），实现扶持利

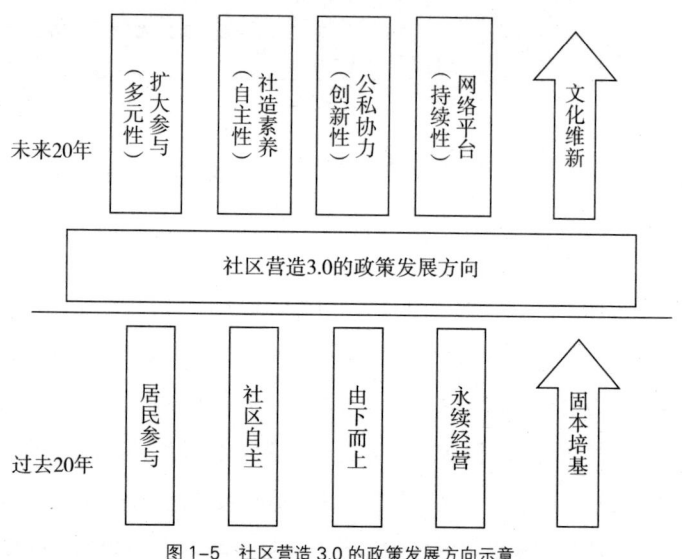

图 1-5 社区营造 3.0 的政策发展方向示意

他的理想。基于此，本文将社区营造未来政策的愿景定位在"社造领航、文化先行"，期望透过社区营造过往二十余年的基础，以人为主体的核心价值，培育具文化素养的文化市民，健全市民社会的发展，最后促成"社造 3.0 ——'心'幸福的能量"。

本文归纳文化事务主管机关 2014 年"新故乡社区营造第二期计划成效评估研究案"中，专家学者及县市行政人员、社区营造中心给予的建议，提出社区营造未来政策规划的四大发展目标，分别为扩大参与（多元性）、社造素养（自主性）、公私协力（创新性）、网络平台（持续性）。

（一）扩大参与（多元性）

扩大参与主要从三大面向做政策性的思考，第一，扩大市民参与，以往政府部门考虑自然人恐无法代表社区组织，倾向于补助通过内政事务主管机关立（备）案的组织团体。然而因应年轻人与议题社群的意识觉醒，设置良好的参与机制将成为未来思考的重点。第二，延续行政社造化计划的业务，持续扩大基层行政单位的共同参与，尤其是乡镇市区公所，以及村里层级的参与。现阶段的村里长没有自己的专户，必须透过公所才能做社造工作，因此，应赋予乡镇市区公所在新的计划中承担社造协力的功能。第三，2008 年至 2014 年，社区提案渐趋狭隘化与单一化，例如，社区文化深耕计划的各式记录中，达八成以上的社区在政策引导下，申请社区剧场及影像记录的提案计划，这反而无法凸显特色，因此，开放多元议题能吸引更具创新或创意的提案，例如，宜兰县发展社区日历的特色、云林县发展社区绘本的特色。

（二）社造素养（自主性）

社造素养主要从两个面向做政策性的思考，第一，强化社造家族陪伴的概念，健全社造分级辅导培力机制，现阶段的人才培育大多是为了提案而规划课程内容。然而，不论是社造专业团队、社区组织，或者是政府部门的行政人员，都应有自我成长的自觉，而且为避免频繁的人员更迭所造成的断层现象，期待以母鸡带小鸡的模式组织共学平台，对政府部门、社区组织与专业团队的人员予以分级培力，如此，人才才能真正成为社区的资源。第二，因应公部门预算逐年缩减，建议编列社区参与式预算，即新年度的预算在当年度由市民共同讨论与编列，而此预算可被弹性运用，市民在参与预算讨论的过程中，学习如何募款、评鉴与审议，这皆有助于社区培力的养成，使其具备自我检核能力。

（三）公私协力（创新性）

公私协力主要从两个面向做政策性的思考，第一，当社区营造广泛且系统性地在各地展开，政府、专业者及社区三者，即成支持社造系统的三股关键力量，特别是专业社群，长期参与了社造的过程，使得社造权力能够由政府往民间转移，同时协助与培力社区，补强社区在概念与知识上穿透力的不足。未来，希望增加第二部门这股力量，

社区 X 营造｜政策规划与理论实践

借由第二部门（企业）擅长的营运管理与营销通路，协助与辅导社区文化产业的转型，透过公私协力，规划可行性之商业模式，用社会服务的精神，强化地方产业的经济效益。第二，提升社区产业的同时，盼能提升社区组织跨域连接能力，即增进社区具备跨域整合的能力，可以与其他的社群、个人，甚至是企业联结，使资源分配能得到更有效的交流与整合。

（四）网络平台（持续性）

网络平台主要从三大面向做政策性的思考。第一，建构社造资源供需网络平台，强化虚拟的数字平台功能，使现阶段的官方社区营造网络平台（文建会于 2005 年设置台湾社区通网站，让社区能快速地寻求资源的协助）增设主动积极的互动交流。例如，为提供社区资源交流，在数字平台上呈现社区的供给与需求，类似 104 人力银行的网站功能。第二，设置社造资源交流实体平台，实体平台的空间对于社区资源的交换有所帮助，若能与县市社区营造中心做联结，可解决目前社造中心窗口无法固定的困境，借镜台北市社区营造中心的经验，构建具有意义价值的实体空间，可为社造中心带来许多的互动与交流机会。第三，促进社造经验分享、案例交流，受到全球化与信息化的影响，目前已经有许多单一的社区具备足够的能力去跟国际进行交流，而且台湾地区的社区营造是其他国家和地区相继观摩与模仿的对象，对此，希望借由经验分享交流，一方面督促社区自我成长，另一方面增加社区被国际社会看得见的机会。

四　未来社区营造施政之策略规划

综合前述社造政策影响力与发展目标的说明，未来政策的规划建议向"扩大人民参与社造工作""设置实体社造资源平台"与"公私协力支持创新发展"三大面向发展，达到以人为主体，社造即生活文化之目标，且重新审视社区组成的基本元素——"人"，从人与人、人与环境、环境与环境角度进行思维，促成让人回到社区，以建构更为成熟的市民社会。以下就台湾社区营造未来施政的策略规划进行说明。

（一）扩大市民参与社造工作

文建会于 2005 年建置"台湾社区通"网站，透过数字平台提供社区资源交流的管道；经验发现，社区营造未来的对象不再只有地缘型的社区，而是要扩大至议题社群，由议题社群去刺激地缘社区，使其产生创意的火花，即台北市社区营造中心执行长吴碧霜强调的"以弹性议题社群刺激影响地缘社区，并将资源留在社区里"。故此，本文建议将"社群营造"（议题经营结合在地组织推动）课题纳入未来社造政策推动的机制中，使能量留在社区中，而社区也能不断提供养分给社群营造。

在基层社区协助辅导的社造中心团队感受最深，社区营造的主角已从地域性所规划的社区范围转变为由议题发起的社群团体；然而，议题社群大多是市民自行组成的团体，非依循传统社区发展模式登记的立案团体，所以为扩大市民参与社造工作，建议在不违反台湾整体主计制度的情况下，能破除以往只能补助立（备）案组织的规范，让有意愿投入社造的市民或议题社群能自主提案，例如：2014年文化事务主管机关已创新推展"青年村落文化行动计划"及"'文化部'推展社造创新活力网络计划"，期望未来能有更多的资源以类似的方式落实社造工作。

（二）设置实体社造资源平台

社区营造工作系属细水长流之工作，现阶段的社区营造中心属于一年一标的标案，每年实际执行仅几个月时间，实难达到预期之目标，每年度的委办计划中间必定会有空窗期，或辅导团队异动，社区端常会有部分时间找不到辅导的对口单位，因此唯有社区营造中心长时间陪伴及培养信任后，才能了解每个社区的实际状态，以及需加强辅导的面向。

鉴于台北市社区营造中心（仁安医院）的实体空间营运方式，台湾政治大学社会学系教授顾忠华及社团法人台湾社造联盟理事长卢思岳皆认同为协助县市层级社区营造中心转型的推动，并扩大行政基层参与社造工作，可结合地方文化馆舍，成立实体社区营造中心，甚至将此空间作为社区产业的营销平台（城乡交流互助平台）。实体空间可以提

图1-6　台北市以仁安医院作为社区营造
中心的实体营运空间

供委办社造业务的专业团队组织（第三部门）做整体性的规划，还能提供社区进行资源交换的平台；但若想吸引更多社群投入参与，专家学者及县市行政人员建议使用的空间场域能以具有特色的建筑为优先考虑，例如，历史建物，或者是文化资产点，如此便可巧妙地与未曾参与社造的民众产生网络关系。

（三）公私协力支持创新发展

2014 年，高雄市前镇区与苓雅区发生多起石化气爆炸事件，除相关部门紧急成立救灾应变中心外，高雄市政府在脸书上表示也可透过全家便利商店的 FamiPort 进行小额捐款，台湾地区集成电路运用企业的资源前往灾区，形成典型的公私协力机制。而在文化事务主管机关的管理下行之有年的社区营造中心，在某种程度上而言，也是公私协力的一种，每年由各县市政府委托第三部门或公司、学校协助辅导社区营造的业务。基于此，原来社造系统的三股关键力量（社区、政府部门、专业团队）将可增加为四股力量，第二部门（企业）的加入可使社区营造向更多元、弹性化的方向发展。

鼓励第二部门资源投入社区营造是许多社造工作者提出的建议方向，除了建立引导第二部门参与的机制，譬如尝试提出"文化社会企业"的奖励引导机制；另外，"社区参与式预算"亦可引导民间企业将资源直接投入此预算内，提供给社区进行弹性运用。此预算类似于美国"西雅图社区媒合基金"与日本"公益信托世田谷社造基金"的概念，以云林县虎尾镇公所为编列预算与人员名额而成立社造中心为

社区 X 营造 政策规划与理论实践

例，其既灵活发挥可及性与可亲性的功能，又能整合地方资源，凸显乡镇特色，较推动乡镇市区公所成立人文课或文化课更具效益且能打破用人限制；而且期盼"社区参与式预算"能间接提升具创新、创意的青年参与的意愿，达到扩大参与的面向。

五　结语

下一阶段的社区营造将走向市民社会的行动者网络，透过建立人与人之间的信任、互助与分享而形成"关系网络"；借由促进人与群体之间的认同及参与而形成"互动网络"；并在建立群体与群体之间的联结，形成多元尊重的社会中产生"平台网络"；最后是在寻求市民社会中，让人找回自我归属的主体认同感，意即最重要的"社会存在感"。

综上所述，社造是为了从生活出发到市民社会而形成的手段方式，台湾地区的社区营造随着不断前进的社会环境而来到全新的社造时代，对此可解读为社群营造，或者是全民社造、社会改造等，本文对"社造"二字赋予新的定义，"社"，意指特定时空中人的联结方式；"造"，为形成人的联结方式而产生的活动。此定义立基于市民社会中行动者网络的兴起，透过特定社群关系的再营造，搭建青年沟通桥梁，发挥黄金人口经验价值，并善用社区营造的教育力量，整合政府资源及民间社会力，齐创造"心"幸福的未来。

参考文献：

文建会（1995），社区总体营造简报数据，台北：文化建设委员会。

文建会（1999），台湾社区总体营造的轨迹，台北：文化建设委员会。

"文化部"（2014），社区营造，引用于 2014 年 8 月 7 日，引自文化事务主管机关官网，http://www.moc.gov.tw/content_268.html。

王本壮、蓝忻怡（2014），《信义房屋"社区一家计划"执行效益报告书》，未出版之研究报告。

台新银行公益慈善基金会（2014），《关于我们》，引用于 2014 年 11 月 14 日，引自您的一票，决定爱的力量官网，https://www.taishincharity.org.tw/About_us.aspx。

台新银行公益慈善基金会（2016），《活动介绍》，引用于 2016 年 2 月 4 日，引自您的一票，决定爱的力量官网，http://www.poweroflove.com.tw/lovePower_begin.aspx。

"行政院"（2005），《台湾健康社区六星计划说明书》，新故乡社区营造计划推动办公室执行，台北：普林特。

恩派（2014），《社区服务平台》，引用于 2014 年 11 月 14 日，引自恩派官网，http://www.npi.org.cn/w_2.aspx?id=9。

陈玲芳等（2010），《最小的无限大：文建会社区营造纪实 1994–2010》，台北：商周出版社。

新故乡文教基金会（2014），《关于纸教堂》，引用于 2014 年 12 月 1 日，引自纸教堂官网，http://paperdome.homeland.org.tw/pd/about/about.htm。

公部门如何整合推动社区协力政策

曾旭正

台湾大学土木工程研究所博士、东海大学建筑研究所硕士、台湾成功大学建筑学系学士。现任台南市副市长、台湾台南艺术大学建筑艺术研究所教授。曾任淡江大学建筑系专任副教授、专业者都市改革组织(OURs)理事长、台南县副县长、台湾社区营造学会理事长、建筑改革社社长、财团法人海翁营文化艺术基金会董事长、台湾台南艺术大学建筑艺术研究所教授兼院长。专长于社区营造、公共空间设计,也长期关注农村议题。著有《台湾的社区营造(新版):新社会、新文化、新人》《台湾的社区营造》《打造美乐地——社区公共艺术》《台湾新建筑运动》《大台北空中散步》《让社区动起来——社区总体营造行动资源手册》等,参与写作《落地生根:台湾社区营造的理论与实践》《开枝散叶:台湾社区营造的捕梦网》,译有《建筑意向》。

文章导读

　　社区营造在台湾地区已成为各领域普遍熟悉的用词与概念，随着实际的操作案例不断增加，相关的研究也逐渐累积。本文关切的课题主要是在行政面如何透过政策的执行来促进社区营造的发展，使之加深加广。政策的执行者包括台湾当局、县市政府以及乡镇市区公所。三个层级的行政单位有其个别的属性与能耐，推动社区协力政策自应有不同的分工。二十多年来，社区协力政策在台湾当局与县市政府两个层级有较多开展，乡镇市区公所层级则尚在起步阶段。公所介于县市政府与村里、社区之间，在行政上有其独特的角色，在政策执行上也较易贴近民众，对于社区营造的推动其实有便利之处。可惜的是，受限于体制与资源，公所并未在这二十多年来的社区营造施政经验中发挥理想的功能。本文提出三个行政层级在社区协力政策上应如何分工的理想图像，包括个别的任务、执行策略和彼此的合作关系，进而聚焦于公所层级，借台南市近年来的摸索经验分享公所社造化的做法。

一　社区营造、政府与政策

　　就台湾地区推动社区营造的历程而言，政府部门提供的政策支持只是资源之一并不是全部，因此我们一再郑重强调：社区政策并不等于社区营造。为了清楚说明社区政策的属性，特别创造出"社区协力政策"一词来与一般政策区隔（曾旭正，2003）。社区协力政策的独

社区 X 营造｜政策规划与理论实践

特意义不在于它施政的范畴为社区，或者其政策目标是社区营造，而在于政策制定、施展与效果评估上与一般政策有所不同。一般的政策，在拟订概算、审查预算前通常都已确定要实施哪些工程、举办何种活动，都会事先明确订定地点与规模。但社区协力政策，虽然仍由政府部门订定总体经费、执行日程乃至政策拟达成的目标等，也与一般政策一样在预算阶段接受审查；但在实质执行上，它完全开放给社区，鼓励社区主动诠释政策目标，因此实际上会将预算投在哪一个社区、执行什么内容，并未在拟订政策时即已确认。社区协力政策与一般政策最根本的差异在于它开放给社区诠释、鼓励社区进行展望式想象。所以我们可以简单地比喻说，社区协力政策是由社区和政府共骑协力车合作向前行，坐于前驾的是社区，决定方向与步调的快慢；相关部门则坐于后座，只在适当时候配合社区的需求，提供必要的助力。

台湾地区的社区协力政策始于 1994 年，系由文建会所启动。文建会最早推动的"辅导美化地方传统文化建筑空间计划"（简称"美化案"）以及接续的"美化公共环境计划"都是以空间改造为主题的典型社区协力政策。1995 年，文建会基于社区营造的理念，在专家的推荐下主动选择淡水、北埔、新港和二结①四个点进行"美化案"的试验，在完成个别规划案的同时，也厘清政策推动的较好方式，确立模式。随即自 1996 年起开放接受各地社区申请，经专家协助判断其提案之可行性后，由文建会每年支持一定数量的社区就其传统文化建

---

① 新北市淡水区、新竹县北埔乡、嘉义县新港乡、宜兰县五结乡二结村。

筑空间进行参与式规划与设计。总计至 1999 年，"美化案"支持了 32 个社区完成规划案，实际完成工程营造者有 17 处，知名的如新港大兴路、大溪老街、竹山社寮、二结王公庙、新竹东门城广场等（文化建设委员会，1999；"监察院"，2001:12）。"美化案"系由地方提案，针对在地生活中的重要地点进行改造，此一执行方式影响了 2001 年由内政事务主管机关负责推动的"创造台湾城乡风貌示范计划"，用类似的程序让许多乡镇有机会争取经费改造辖区内的重要公共空间，如车站广场、生活道路、人行道、主题公园等。

1995 年 11 月，文建会进一步通过"社区总体营造奖助办法"，清楚地呈现社区协力政策的特质。它鼓励社区可以多面向地思考，提案的方向不限于社区空间营造，且一年有多次审查机会让社区团体可以随时提出申请，弹性很大。虽然它所提供的补助仅是小规模（30 万新台币以下），但对于社区艺文、文史、人才培训、社区刊物出版、产业实验等主题的支持，确实有拓展社区营造面向的作用；对于起步型的社区也能发挥适时鼓励的作用，使它们向前迈进，并发挥初步动员的作用，现今许多在社区营造上有所表现的社区，多数在早期皆得到此计划的鼓励。

1996 年，文建会基于自身的推动经验，首次鼓励县市政府扮演社区营造推手的角色，这是将"社区协力政策"向下推展的重要举动。文建会首先鼓励新竹市政府及宜兰县政府比照文建会的角色来办理该县市的社区总体营造工作，并在次一年度将此模式推展至其他各县市（文化建设委员会，1999）。其中，宜兰县即掌握此机会，建构了县内推展社区营造的模式，首批参与此计划的社区，成为后来宜兰县社区营造的种子社区，在翌年举办的第一届"社区营造博览会"上崭露成绩，令人惊讶。此一计划亦促成若干县市政府自此开始重视社区营造的业务，其中积极的县市更主动整合内部的局处，并着力于理念倡导、人才培育、试点营造支持等工作。除宜兰县、新竹市之外，如桃园县、台中市、云林县、台南县市、高雄县及屏东县也逐渐展现出县市层级社区营造的意图，个别摸索出独特的做法。

1999年，"9·21"地震^①带来的社区重建需求则初步试练了文建会自提倡社区营造以来的行政效能。地震发生后，文建会在台湾社区营造学会的积极建议下迅速将原本执行中的"美化公共环境计划"转拨大部分经费供灾区的社区申请，鼓励受灾社区本身或者外来的协力团体，积极动员生还的居民共同投入家园重建的行列。能在短时间内调整政策支持对象、发挥救灾重建的效果，正显现了社区协力政策不事先明定对象的政策特质。在调整应急的阶段过后，文建会更将相关资源统整为"九·二一永续家园社区再造方案"，一方面鼓励社区提出申请，另一方面也发展项目管理模式，即设立所谓的"社区营造中心"陪伴社区重建工作。值得注意的是，文建会配合四个重建区分别委托学术机构或民间团体成立"社区营造中心"，明显地在区域层级

---

① "9·21"大地震，又称集集大地震，1999年9月21日凌晨1时47分发生于台湾中部山区的逆断层型地震，震中约于南投县集集镇境内，震源深度8.0公里，芮氏规模7.3，共持续102秒，引发大规模的山崩与土壤液化灾害，造成的伤亡及财物损失为百年来台湾之最。

创造出介于社区与政府之间的专管团队，此一模式对下一阶段推动县市层级社区营造发挥了相当大的启发作用。

几乎与灾区重建同时，在台湾当局内部也启动了跨部会的社区协力政策扩展工作。2000 年，新主管机关拔擢素以推动社区营造著称的游锡堃先生担任行政事务主管机关副院长，陈其南与陈锦煌两位先生担任"政务委员"，并由陈锦煌先生负责督导台湾当局之社区营造政策。陈锦煌初受任命即肩负"9·21"灾后重建工作，而跨部会协调也是重建会不得不采取的工作模式；基于此，他在行政事务主管机关进一步促成跨部会的"社区总体营造委员会"，推动更多部会将社区营造纳入自身的业务之中；譬如，环保事务主管机关的"生活环境总体改造计划"、经济事务主管机关的"商店街与社区小企业辅导计划"、卫生事务主管机关的"社区健康营造计划"等都成为更稳定的社区协力政策。后来更以行政事务主管机关层级推动"社区总体营造心点子创意计划"，社区营造得以大幅度跨进其他部会，陈郁秀等（2013:162）即认为这是台湾当局统合各部会社区营造政策的滥觞。有了这一阶段的尝试，先在"中央"部会间初步建立整合的机制雏形，这也成为后来推动"新故乡社区营造计划"十分重要的基础。

2002 年中，行政事务主管部门提出"挑战 2008 ——台湾发展重点计划"作为台湾当局的政策蓝图，其中除了推动产业、观光、大型建设等计划外，更以"新故乡社区营造计划"作为第十项重点计划，社区协力政策至此达到最高峰。这项计划包含七项工作主轴，二十二项子计划，参与执行的有九个部会（文化建设委员会，2004）。为了让台湾当局的多个部会在执行个别计划时能有效地横向整合，文建会在计划中扮演重要推手，并委托台湾社区营造学会协助成立"新故乡社区营造计划推动办公室"，负责计划整合、绩效倡导、信息平台搭建等。

作为重点发展计划的一环，"新故乡社区营造计划"的确展现出相当大的格局，除了广纳多个部会共同执行有助于社区营造的主题性计划外，还特别强调建构执行机制的重要性。新故乡计划有七个工作主轴，首要的主轴即强调建构"台湾社区新世纪的推动机制"，其余六个主轴则是呼应"人文地产景"等社造主题的部门计划。其中，建构推动机制主要由内政事务主管机关主政，计划前言开宗明义地指出社区营造将大规模且跨部会地展开，"因应此一新情势，实需建构一个能量更大的推动机制，有效地提升政府与民间的效能。本计划即由人力开发、组织活化与行政机制等三方面着手，期望为台湾社区营造架构新世纪的推动机制。"（文化建设委员会，2004:14）所以，这个编号10.1的"台湾社区新世纪的推动机制"包含了三个部门行动计划：内政事务主管机关主责的"社区人力资源开发计划"、"农委会"主责的"活化乡村社区组织计划"以及文建会主责的"行政机制社造化计划"。

文建会对行政机制社造化的想象正如图2-1所示，主要想达成两个目标：一是在部会架构一个政策整合平台；二是引导县市政府成为社区协力政策的执行主力。所采取的策略，针对第一个目标，是成立新故乡社区营造计划推动办公室，发挥政策整合平台的功能；针对第二个目标，则是推动各县市政府成立社区营造委员会及社区营造中心，并自定义社区营造白皮书，鼓励各县市提出自身的社区培力计划。

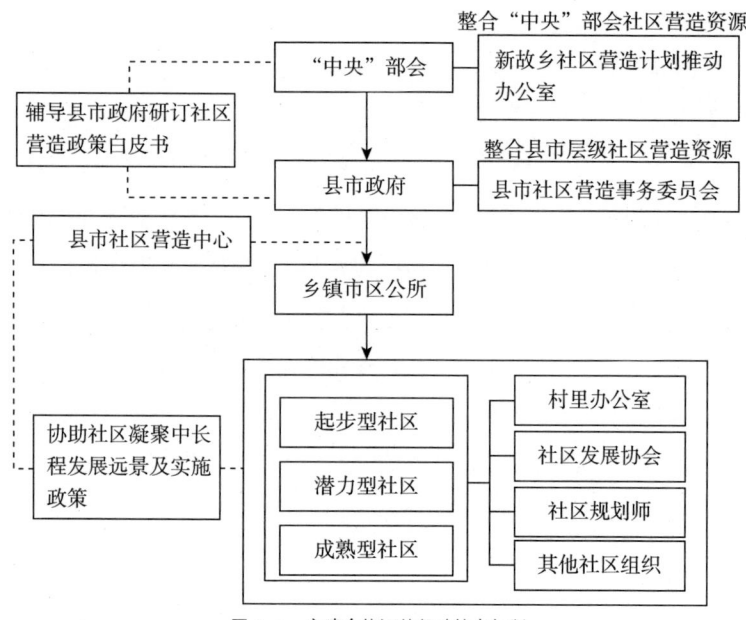

图 2-1 文建会拟订的行政协力机制

　　2008 年，台湾当局重点发展计划也告一段落，但文建会在 2007 年时即提出自身执行的"磐石行动——新故乡社区营造第二期计划"，计划时期由 2008 年横跨至 2013 年，尔后又再展延一年才完全结束。因此我们可以说新故乡社区营造计划总计推动了十年，就社区协力政策的发展而言，它做出了几项贡献。

　　一是促成多个"中央"部会推动社区协力政策。

　　二是开展台湾当局的政策整合平台经验。

三是引导县市政府建立社区协力政策的推动机制（社区营造中心等）。

四是形塑文建会－县市政府－社区在政策上的分工角色。

然而，我们也不应过度乐观看待上述成果，上述面向虽有初步成果，但并不坚实，仍有继续努力的必要。譬如，我们看到若干"中央"各部会推动的社区协力政策，有些在计划后期即不再延续或者执行规模明显萎缩；跨部会的整合平台已不复存在；县市层级的推动经验虽相对丰富，但个别差异仍大，少数县市积极投入，但部分县市仍只视其为文化局（处）的专属业务，并在预算上完全依赖文化事务主管机关的经费。上述课题中更值得注意的是，从文建会到县市政府再到社区，行政上明显缺漏了乡镇市区公所的角色，因此，如何鼓动公所层级投入社区营造，可视为下一阶段努力的目标。

二 台湾当局、县市与公所

在当前的行政体制中，"公部门"的单位包括了台湾当局、县市政府、乡镇市区公所和村里办公室（处），它们各自因为行政位阶、资源多寡以及与民众的距离而在社区营造上发挥不同的角色与功能。

社区协力政策的运作包含了政策订定、执行、检讨与修正，执行政策的主体有台湾当局、县市政府以及乡镇市区公所。因此要让政策充分发挥效果，显然应该仔细思考三级行政单位在政策工作上的分工，确定个别在总体架构中的角色与行动基调，进而发展彼此间的合作关系。在界定彼此的分工之前，我们应先厘清社区协力政策的总体目标。综合前述分析，我们试着拟订的社区协力政策的总体目标如下。

政府为鼓励民间自发营造社区的热情，支持其有组织地行动，特别整合不同层级的部门，针对社区营造所涉及的主题，拟订计划、编列预算、确立公私合作原则后，提供社区组织申请。其目的在于激励民间自发精神、厚植结社能力[①]、增进公私合作、改善施政质量。

在此总体目标下，三个行政层级需有所分工，承担不同的任务，进而在行动上应遵循特定的基调，我们提出的构想如下（请参考表2-1）。三个层级各有其核心任务，其中，"中央"部会的核心任务在于"研发"、"宣扬"与"整合"；县市政府的任务有"整合"、"深耕"和"陪伴"；乡镇市区公所则是"陪伴"与"动员"。其分工有部分重叠，如"整合"与"陪伴"分别在两个层级间是共同要承担的任务，但其实际执行基调则有所不同。

台湾当局的首要任务在于"研发"，"中央"各部会应体认社区营造的价值及在业务上能直接有助于社区营造的计划，持续关注并进行研发。譬如，经济事务主管部门若能掌握社区营造的内涵，则应对在

---

① 在社区营造的实践中，社区成员能否有效结合、形成组织性的运作是社区营造成败的关键，我们将社区如此运作的能力称为社区结社能力（social capacity）。

地经济的发展持续关注，对于社区与小镇要如何掌握自身的特质并将它运用在经济活动上，应有所研究且提出如何协助的具体看法，对于如何在生产或消费的领域形成具体的行动，也应有持续试验的精神。如此才能渐渐摸索出可行的做法，进而转化为社区协力政策，广泛地鼓励各地城乡社区加入该行列。同样，文化事务主管机关、内政事务主管机关、环保事务主管机关乃至交通事务主管机关等台湾当局部会也都应该研发出与其业务紧紧相扣的社区协力政策。

表 2-1　不同行政层级之社造分工

行政层级	任务	行动基调	合作关系
台湾当局	宣扬	● 展现社造成果（博览会、出版、传播） ● 奖励社区组织、行政机关、企业等	基本政策不变，稳定供给资源 例行业务以县市政府为合作对象；研发则与社区合作。以文化事务主管机关作为核心
	研发	● 经验整理、修正计划、试办新做法	
	整合	● 协调其他部会避免资源重复 ● 积极响应下层部门的需求	
县市政府	整合	● 各局处呼应"中央"部会的社造计划 ● 主动协调局处的行动计划	服务社区的窗口不变，回馈问题至台湾当局
	深耕	● 各局处运用既有业务发挥社区协力精神	对上对下皆以建立伙伴关系为宗旨
	陪伴	● 县市政府积极陪伴公所、社团与社区 ● 鼓励社区推动自发的社造学习计划	以社区营造委员会和社区营造中心为执行机制
乡镇市区公所	动员	● 公所与在地社区共同学习、相互陪伴 ● 以在地特色为基础作想象力与人的动员 ● 开放社区参与乡镇市区的治理	组成社区营造工作圈，收集愿景、促成集体行动

不过，文化事务主管机关除了与其他部会一样要研发与自身业务相关（即文化发展）的社区协力政策外，它还应多承担"宣扬"社区营造的任务。文化事务主管机关原本即肩负文化发展的任务，又扮演启动社区协力政策的重要角色，自应同时在更高的角度关注社区营造与在地文化的发展趋势。所以，全面性地掌握社造各面向的成果（各部会政策作为），积极地加以宣扬，不论是通过举办博览会，还是例行性地透过平面与影像媒体来介绍社区的努力成果，都是其不可回避的责任。

　　台湾当局在社区协力政策上的另一项任务是"整合"。这不仅是社区营造执行者的普遍期许，监察事务主管机关黄煌雄在2000年时主动调查社区营造业务后，也清楚地指出"社区总体营造在台湾当局与地方均应有统筹或协调的单位，台湾当局部分，宜成立跨部会之组织，以利各部会之统筹及协调；地方政府部分，允宜统筹单位办理社区总体营造推展"（"监察院"，2001:257~258）。不过，台湾当局与县市政府的整合重点有同有异，相同的是两者都应积极做内部的水平整合，俾使政策资源分配不致重叠，避免浪费；不同的是台湾当局的整合应着重在政策规划分配的层面，县市政府则应多关注执行方式的安排。

　　县市政府一则承接来自"中央"部会的计划资源，同时可能结合自编的预算共同推动辖区内的社区营造，因此其任务包括了"整合"、"深耕"和"陪伴"三大项。在整合方面，县市政府除了整合内部局处所订的行动计划外，更重要的是具体地考虑基层的需求，订定可行的执行模式。在实际操作上，县市政府通过成立"社区营造委员会"来促成跨局处的运作，这是目前最普遍的。深耕则是指在执行业务时，不论预算来源为何都能设法使执行方式呼应协力社区的精神。譬如民政事务主管机关除了管理村里长外，若能从社区营造的角度出发，应会看到庙宇的重要性，进而可以通过订定计划来鼓励庙宇投入社区营造。

县市政府对比台湾当局最大的不同乃是它比较能发挥"陪伴"的功能。县市政府的陪伴对象可以包括公所、社团和社区。而陪伴的方式，除了提供经费的补助外，也可以透过专业引介、跨区参访乃至良性竞赛等方式，鼓励社区动起来、借着执行计划而提升上去，即县市政府可以动用较广的资源来引导社区自发地学习、成长。

乡镇市区公所比县市政府更贴近社区，因此更能发挥"陪伴"的功能。公所对社区的陪伴远比县市政府来得直接，许多时候可说是一体的，彼此有相同的认同范围、行动上也必然相互扶持。除此之外，公所也能做到其他上层单位不易做到的"动员"作用，特别是要聚合一个以上的社区时，往往有赖于公所扮演居间的角色；能充分掌握社区营造精神的公所应该以动员者自居，但那不是政治的动员，而是以发挥在地特色为目标而做的人的动员，还有在社区营造事务上进行想象力的动员。

进一步思考这三个层级的行政运作，在社区营造的目标下它们应该遵循下列原则。

（1）每一个阶层都应致力于内部整合。

（2）应明白区分"政策"、"计划"和"行动"的不同。

（3）上层的政策应指出愿景而非实际做法，并应尽可能开放给下层去诠释。

（4）下层应拟订计划来诠释政策愿景，并鼓励执行者追求创新的行动。

（5）适当的竞争有助于激发潜力，但应避免流于表面化的比较。

（6）对上对下皆应以建立伙伴关系为宗旨。

基于上述原则，三个行政层级之间应形成稳定的合作关系，并表现出下列特征。

（1）基本政策不应轻易被改变，展现稳定协力社区的承诺。社区协力政策应保持延续性，因此不论政策名称、基本用语乃至推动模式等都不应轻易改变。

（2）"中央"部会的业务工作应以县市政府为合作对象，研发则应与社区合作。政策拟订之前应有实验计划，深刻检讨并修正后才加以推广。

（3）社区协力政策的核心单位应是文化事务主管机关，且应促成更高一级的社区营造委员会。县市政府与公所中用来服务社区的窗口也不应轻易变动。

（4）以社区营造委员会和社区营造中心作为县市层级的执行机制。乡镇市区公所内应组成社区营造工作圈，纳入公私部门的成员，持续收集愿景、促成集体行动。

三 填补失落的一块：区公所社造化

在三级行政中，乡镇市区公所处于中间位置，上下承接县市政府与村里社区的托付与期许，理论上应可发挥最大的作用。可惜的是，台湾地区的乡镇市区公所在地方政治的运作下，部分沦为派系倾轧的主要战区，其结果造成乡镇市长多为派系政治的代理人，公所的行政则受派系干扰而少有能够理性地、依长远规划而发挥治理功能者。因此为数众多的乡镇市区公所普遍深陷于结构性的困境之中，以至于主政者欠缺社区营造的观念，更遑论善用自身的行政资源以积极引导社区营造的风气，台湾地区三百多个乡镇市区公所竟然极难出现一至两个以社区营造为政绩的案例。总归而言，目前公所层级的社区营造犹如蛮荒，尚待开拓。

公所普遍受到嵌制而无法发挥基本的治理功能，乃是台湾地区社会独特历史过程的产物，要拆解它势必需要长时间的改变过程。从社区协力政策的发展经验，我们学到"掌握机遇创造先例"的重要性。因此，对于公所的社造化，我们构想的可能途径是这样的：先由"直辖市"的区公所创造出行政社造化的团队，此团队在专业团队的协助下经营出相对理想的治理模式，此一先驱经验呈现给世人一个对乡镇市区公所的可能想象，进而在舆论与新政策的推拉下，促发非直辖市的乡镇市公所开始调整体质，改变施政模式，于是新的公所形象逐渐形成，改变遂成为可能！

在特殊的机缘下，我们在合并后的大台南市找到试验的机会。台南县市于 2010 年底合并为"直辖市"后，原本台南县有 31 个乡镇市，台南市有 6 个区，合并后转型为 37 个区，乡镇市公所都转变为区公所。自此区公所成为市政府的行政机关成员，区长改由官派。合并后之首任市长赖清德先生特别重视区长人选，刻意号召具一定职等以上有意愿的公务员接受培训，再从中挑选适当的成员担任区长，遂使区长在体质上与以往经由选举产生的公职角色颇为不同。在新的行政体制下，加上市长对区公所的期许，台南市的区公所角色开始被调整，在社区营造上的摸索开始。

针对区公所的社造化，台南市政府提出"区公所转型三年计划"，期望在三年内摸索如何将区公所转型为"在地社区营造中心"。这一项政策可算是在因应大台南市并入众多位处乡村地带的乡镇之后，对于如何经营这些新"区"的一个思考。在原来台南县范围内的乡镇市，人口数多在 2 万至 6 万人，有清楚的地理领域，自成一小型的生活圈。在节能减碳的年代，如何强化此种生活圈的机能、建构更强的地理认同乃是重要的发展课题。就此方向，台南市政府一方面透过公共建设引导公私部门针对区开展更多提升生活机能的行为，另一方面则以区为范围鼓励更多社区营造，让市民投入公共事务从而有助于其建构更强的认同感。

台南市的区公所转型计划以区的行政社造化为目标、三年为试行阶段，操作上包含了下列数项机制（见表 2-2）。

表 2-2　台南市公所社造化的推动方式

	工作重点	推动机制
第一年（2013）	• 征求有意愿之公所试行计划 • 提升各区长的社造理念 • 陪伴公所试行内部学习 • 厘清公所社区协力的条件与定位	• 全市社造委员会肯定转型计划 • 各区公所由主任秘书担任社造小组召集人 • 举办全市公所主任秘书之培训 • 针对公所试行案例成立辅导小组 • 以本市社区营造白皮书作为政策纲领
第二年（2014）	• 提升公所一、二级主管之社造理念 • 建立公所社造之陪伴机制 • 试行激励公所的行动	• 督促各区公所社造平台运作 • 针对公所一、二级主管举办社造培训 • 市府针对公所推动社造杰出人员颁奖 • 推动跨局既合作又竞争的行动
第三年（2015）	• 增加参与区公所社造之公所数目 • 提升公所之全体成员社造理念 • 陪伴公所试行案例	• 持续督促各区公所社造平台运作 • 鼓励公所自办内部社造培训课程 • 市府奖助区公所杰出社造人员去其他国家和地区考察

　　台南市政府自 2012 年尝试区公所之社区营造业务辅导机制，2013年正式形成"三年转型计划"的构想并开始推动。对于两年多来的执行成果可依政策机制和实质运作分别说明如下。

（一）政策机制之初步建立

　　透过市政府的社区营造委员会确立区公所社造化的目标，市长指示由公所主任秘书担任召集人，启动培训机制。2013 年执行了如下几项工作。

　　（1）在区长会议中邀请专家就公所社造化做专题演讲，市长宣示列为重点工作。

（2）举办一场"各区主任秘书社区营造研习"。

（3）促成区公所成立跨科室的"社区营造工作小组"。

（二）公所实质推动计划

文化事务主管机关在新故乡社区营造计划中特别支持"公所社造化计划"，鼓励区公所自发申请，2012 年有 11 个区公所申请，2013年则有 15 个，2014 年有 13 个区公所参与。借此计划，区公所依各自的特性，提拟推行的构想，运用有限的经费执行，其成果大致可说明如下。

1. 启动公所的内部学习

各公所自办社区营造理念课题，除公所内部成员外，也邀请社区干部，有助于其逐步提升对社区营造的认识。

2. 促成公所与在地社区的互动

透过社区营造工作小组与在地社区互动，一起出访乃至陪伴参与市府的活动等，使公所承办人员对社区增进理解。

3. 挖掘各区的社区营造方向

各公所除了基本的、共同的行动（如建置平台、举办讲座、举办成果展）外，有部分公所仍尝试透过持续的推动特定主题来累积特色。譬如柳营区公所经营社区剧场、西港区公所营销地方人文、安平区公所强调历史等，若能持续，应可发挥效用。

将乡镇市公所调整为区公所，原来面临体制改变带来的不适应，现今要引导其从业务中带出社区营造的观念与做法，自是更为困难。但值得庆幸的是，台南市政府高层对此工作的重视，有利于形成由上而下的助力；此外，若干有旺盛进取心的区长，能体会社区营造的价值，愿意积极投入，这更是难得的资源。期望部分案例的成功经验可以于未来鼓舞其他区公所，进而影响其他县市的乡镇市公所，果能如此，将有助于全面开展行政社造化。

四 结论

社区营造自始即不是一件容易的社会工程，其推展除了有赖热心的社区之外，也应有聪明的主管机关。主管机关在此社会工程中的角色是资源的提供者，透过社区协力政策的订定与施展来促进社区团结、提升结社能力；而社区则是社区营造的实践者，运用政策的资源和民间的力量从事种种行动，既提升社区环境，也促进社会朝正向变化。然而不论是政府的政策工作还是社区的实践，始终处在摸索的过程中，不论是在起步的初期还是在持续前进的过程中，都必然有新的挑战产生，等待翻写新的历史。

本文针对政府的政策工作，论述它的特性，描摹它的发展历程，目的无非在于鼓励更多政策面的讨论。我们借"社区协力"的概念指认此类政策的特性，再就台湾当局、县市、乡镇市区的区分，讨论个别政策执行者的任务与工作基调。这些论述偏向规范性的主张，是在真实经验累积后，依据直觉提出的建议，并未有详细的资料佐证与细致的分析。但我们相信其中仍有若干启发可以作为进一步讨论的依据。

我们指出公所层级是三个行政层级在社区协力政策上失落的一块，如今是加以补充的时候了。但如何才能促成公所层级普遍具有社造能力，则需要有耐心和策略。我们主张由"直辖市"中原本是乡镇市的区作为先锋，利用它不受地方政治干扰的特性，培养出充分社造化的行政体制，再由它来刺激一般县市的乡镇市公所。台南市的经验虽然还在完善中，但我们确信，此一布局与战略是可行的，其行动目标也是值得期许的。

【附录】社区协力政策发展大事记

1993/10	文建会主委申学庸在国民党中常会上的报告《文化建设与社区伦理重建》，为"社区总体营造"政策拉开序幕。
1994/02	陈其南出任文建会副主委。
1994/06	文建会"充实乡镇展演设施计划"经行政事务主管机关通过。
1994/12	文建会推动"社区文化活动发展计划"与"辅导美化地方传统文化建筑空间计划"。
1995/03	文建会委托淡江大学建筑系等进行"辅导美化地方传统文化建筑空间计划"之示范点规划工作。
1995/08	台北市政府都市发展局编列一千万新台币预算推动

"地区环境改造计划"，40 个社区参与提案，选定 20 个社区进行。

1995/11	文建会通过"社区总体营造奖助办法"。
1996/07	文建会选定宜兰县和新竹市推动"县市层级社区总体营造计划"。
1996/08	文建会 1997 会计年度（1997 下半年至 1998 上半年）预算在社区总体营造的核心计划上大幅缩水，引起民间关切。
1997/02	"环保署"推动"生活环境总体改造计划"，成为社区协力政策之一环。
1997/03	陈其南离开文建会转任宜兰仰山文教基金会执行长。
1997/03	宜兰县政府主办"社区营造博览会"，吸引 35 万人参观。
1997/12	OURs 串联台北市参与"地区环境改造计划"的社区组成"台北市社区改造联盟"，针对社区空间改造工作之政策缺失提出建言。
1998/07	文建会"辅导美化地方传统文化建筑空间计划"结束，接续推动"美化公共环境计划"。
1998/10	经建会为扩大内需，推出"创造城乡新风貌计划"。
1999/01	台北市甄选"社区建筑师"（后改名为"社区规划师"）。
1999/09	"9·21"大地震造成中部县市重创，社区重建成为

重要课题。

1999/11	文建会委托办理"九·二一永续家园社区再造方案",强调社区营造精神。
1999/12	农委会配合灾区提出"农村聚落重建计划",但被批评欠缺社区营造精神。
2000/01	监察事务主管机关黄煌雄、郭石吉、林时机展开八个月的社区总体营造总体检工作。其结果于2001年4月出版,即《社区总体营造总体检调查报告书》。
2000/05	素以社区营造著称的游锡堃、陈其南与陈锦煌担任"政务委员"。
2000/08	行政事务主管机关推动"替代役",社区营造替代役由文建会负责培训管理。
2000/11	行政事务主管机关成立"社区总体营造委员会"并推动"社区总体营造心点子创意计划"。
2001/01	经建会审查内政事务主管机关拟订的"创造台湾城乡风貌示范计划",指示在执行上应确实配合社区总体营造委员会。
2001/05	内政事务主管机关函送修正之第一期"创造台湾城乡风貌示范计划"。
2002/03	文建会推动分区社区营造中心辅导协力制度,并委托专管中心协助地方政府与社区。
2002/08	行政事务主管机关提出将"挑战2008——台湾发展

社区 X 营造 政策规划与理论实践

重点计划"作为施政蓝图，其中"新故乡社区营造计划"将列为第十项，是一个整合性且跨部会的社区营造计划。

2003/12　文建会委托台湾社区营造学会办理"新故乡社区营造计划推动办公室"。

2005/04　行政事务主管机关核定"台湾健康社区六星计划"（2005 年至 2008 年）。

2005 年　台湾社区营造学会发起"社造发条行动联盟"，强调县市应制定社区营造政策白皮书。

2006 年　文建会委托设立经营"台湾社区通网站"。

2007 年　文建会委托台湾社区营造学会执行"都会型社区推动社区营造模式研究案"。

2007/09　行政事务主管机关核定文建会的"磐石行动——新故乡社区营造第二期计划"（2008 年至 2013 年）。

2009/08　莫拉克台风酿成南部地区重大灾变，文建会推动"莫拉克风灾社区组织重建辅导计划"，委托台湾社区营造学会负责项目管理。

2009/04　《社区力量——西雅图的社区营造实践》翻译出版，洪叶。作者 Jim Diers（西雅图社造局前局长）访台，于高雄、台南、桃园、台北举办多场工作坊。

2010/07　在各方争议中，立法事务主管机关通过《农村再生条例》。

参考文献：

文化建设委员会（1998），《1998文化白皮书》，台北：文化建设委员会，http://www.moc.gov.tw/images/policy/1998YellowBook_20101104/。

文化建设委员会（1999），《台湾社区总体营造的轨迹》，台北：文化建设委员会。

文化建设委员会（2004），《新故乡社区营造计划政策说明书》，台北：文化建设委员会。

陈郁秀、林会承、方琼瑶（2013），《文创大观1——台湾文创的第一堂课》，台北：先觉出版社。

陈锦煌、郭程元（2004），《社造十年的省思，迎向下一个十年：社区发展、社区营造与社区总体营造》，收于《2004好邻居研讨会：迈向下一个社造十年论文集》，台北：社区营造学会，第9~30页。

曾旭正（1995），《以文化设施建设作为社区动员的可能与历史意义分析》，收于文建会主办的"文化建设与区域发展研讨会"，第287~298页。

曾旭正（2003），《社区协力政策的发展历程与当前课题》，收于台北大学主办的"地区活力与新故乡发展研讨会"。

"监察院"（2001），《社区总体营造总体检调查报告书》，台北：远流出版社。

社区总体营造运动 20 年之回顾与展望

周芳怡

　　台湾政治大学公共行政博士。现任台湾台中科技大学通识教育中心助理教授。曾任台湾台中科技大学研究发展处学术发展组组长、苗栗县社区营造中心之行动讲师。专长于行政管理与公共政策、文化创意产业个案研究、社区营造、学涯规划。参与写作《都市更新的理念与应用》《社区终身学习体系的政策、理论与实务》《都市治理与地方永续发展》。

文章导读

　　文建会提出的社区营造政策，对于台湾社会来说，是创新性的政策，其挑战了戒严时期以来，稳定且坚固的行政系统。社造政策鼓励由下而上的社区力量，以落实所谓的市民社会，自此开始，市民社会不再是口号，而是人人可以参与的行动。然，Pressman 和 Wildavsky

（1984）曾说政策执行即便在最好的环境下，也是极端困难的，对于社造政策来说更是如此。本文以吴定（2003）所提出的政策执行六大重点项目来检视文化事务主管机关推动社区营造政策 20 年来的模式，借此找到可以精进与更加创新的部分。

透过文献资料的分析可以发现，在社造推动 20 年的过程中，最需要被重新讨论与建构的是，在社造政策推动过程中，相关组织与团体在其中扮演的角色已经逐渐改变。因此，不论是未来的政策方案，还是政策工具、整体管理与政策评估指标部分，都可能需要被重新审视。本文将在台湾当局、地方政府、公所、社区、企业、专业团队的"双圈六角互动模式"下，探讨社区营造政策下一阶段的推动策略与落实方式。

一　前言：台湾社区营造政策形成之背景

1980 年代左右，历史制度论（historical institutionalism）对公共制度形成的模式开始有不同的理解，此派学者认为政治制度并非在真空的环境里产生的，而是和社会经济脉络持续互动，也就是所谓的"路径相依"（path-dependent）的概念（Thelen & Steinmo, 1992; Thoenig, 2003）。1980~90 年代，许多研究者开始大声疾呼，各国地方政府应该注意世界政治、经济系统已逐渐产生改变，各项国家地方政策也需进行适应与调整（周芳怡，2012）。而中国台湾地区在 1990 年代左右，正面临政治与社会环境的重大变迁。1945 年，台湾地区结束为期

半世纪的"日据时期"，不过几年的时间，于 1949 年，台湾地区开始
了"戒严时期"，经过 38 年后，1987 年，台湾地区解严，正式进入
"民主时代"。此时，台湾地区人民在公共事务上，开始从被动到主
动，台湾的行政模式也逐渐从统治（governing）到治理（governance）。
在生活部分，台湾地区人民则从快速的经济发展及人际疏离中沉淀，
在物质生活稳定后，开始关怀自身所处的社区及环境（王本壮、周芳
怡，2007）。

在如此复杂的环境脉络下，台湾地区许多既有的制度必须随之因
应调整，包括："正式制度"（"法令规章"、公共政策）、非正式制度
（约定俗成的规则、习以为常的惯例），如此一来，台湾地区才可能脱
胎换骨"。1990 年代之初，台湾地区正从"戒严时期"的单向由上而
下之统治，过渡到民间草根力量兴起的阶段，台湾地区出现新政策酝
酿的基础。1994 年，台湾当局开始推动"社区总体营造"（简称社造
或社区营造）相关计划，当时的文建会为这样的新概念下了以下的定
义（新竹市立文化中心，1998：9）。

（1）范围：不局限于村里的行政区分，只要一群人彼此因居住在
共同的空间而产生共识和认同，就是一个社区。

（2）方式：社区居民透过讨论、组织、行动，一起改造自己生活
的家园。

（3）角色：社区居民拥有对自己居住环境的发言权，能够选择
并营造出所要的生活样貌。政府部门的任何政策与施政皆要具有合法
性，因此，社区居民要能够参与其中。

图3-1　牛骂头协进会长期耕耘清水文化景观，并营造在地音乐特色

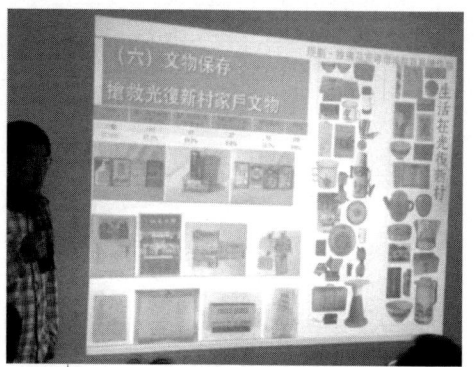

图3-2　雾峰居民建立扎实的光复新村文史纪录，重塑地方文化亮点

（4）内涵：社区问题环环相扣，文化、产业、环境三者之间相互影响，必须综合处理，因此称为"总体"营造。另外，也由于问题之间相互关联，因此，可由其中一个项目切入，带动其他面向的改变。

文建会提出的社区营造政策，对于台湾地区来说，是具有创新性的政策，其挑战了戒严时期以来，建立的稳定且坚固的行政系统，但从历史制度论的观点来看，这是顺着历史脉络而来的结果。社造政策鼓励由下而上的社区力量，以落实所谓的市民社会，自此开始，市民社会不再是口号，而是人人可以参与的行动。然，Pressman和Wildavsky（1984）曾说政策执行即便在最好的环境下，也是极端困难的，对于社造政策来说更是如此。本文以吴定（2003）所提出的政策执行六大重点项目来检视文化事务主管机关推动社区营造政策20年来的模式，借此找到可以精进与更创新的部分。

二　公共政策与政策执行

Anderson（1994：5）将公共政策（public policy）定义为："一个或一群行动者为处理问题或其所关

注的议题,而采取具目的性的行动或不行动(action or inaction)"。再进一步将公共政策扩大来看,公共政策具有系统性,亦即镶嵌(embed)在一定的时空情境系统之内,不论是外在社会、政治、经济、文化及技术环境,或是政策参与者及利害关系人,都是政策系统的构成要素,其特性及互动均会对政策产生影响(林水波、王崇斌,1998)。由此来观察文化事务主管机关的社造政策就可以了解此政策的产生正如上述,其产生在一个特定时空环境中,正式法令规章的松绑、人民自主意识的觉醒,使得社造政策油然而生,而,值得注意的是,面对政治环境变迁的冲击,当时的文建会并没有采取"不行动"的策略,而是以当下民间力量为基础,提出社区总体营造政策。

公共政策制定后,下一步便要进入政策执行(policy implementation)的阶段。林水波(1999)认为政策执行泛指一项政策,由执行机关及人员奋力付诸执行的过程,亦即,将抽象的观念化为具体行动,进行政策处置的传递过程。Pressman 和 Wildavsky(1984)定义政策执行为实现(carry out)、达到(accomplish)、完成(fulfill)、产生(produce)、完整呈现(complete)政策的过程。事实上,公共政策的执行在一定程度上,比公共政策的制定更为复杂及困难。传统公共行政认为,公共政策的执行是政府的职责,也是一种由上而下的过程。换句话说,公共政策的执行是政府组织单方面的事务,是一种闭合结构,也是政府组织自身的权力分配与关系的调节。另外,政策执行者与执行对象之间是一种管理与被管理、控制与被控制的关系,且公共政策执行的监督是由政府组织本身由上而下进行控制的。然而，上述观点在目前实际公共政策的推动上，有一定的缺陷与偏颇，事实上，执行公共政策是政府组织的重要职责与任务，同时，也是政府与社会、政府与市民彼此互动的结果，其特点如下（吴琼恩等，2004：314）。

（1）政策执行是一种由上而下、由下而上的结合与互动的过程；

（2）政策执行是一个开放链，不仅在政策制定过程中，有公众与社会组织的参与，同时，在执行过程中，更需要有公众与社会组织的参与；

（3）政策执行者对执行对象有一定的权威性与影响力，同时，两者之间又会有协调、共识与妥协的互动。

1994年，文建会推动的社区营造便是用"由上而下"与"由下而上"的两股力量在执行政策，从台湾当局开始，扩展到县市政府（当时尚无文化局，地方为文化中心协助执行政策），并致力将触角延伸至乡镇市区公所。而在民间草根力量的扶植部分，则透过辅导、补助等方式，促进社区自立，共同探讨社区议题并解决在地问题。在社造政策执行的初期，政府策略已从闭合结构走向开放模式，虽然当时文建会对于社造政策还有一定的掌握与决策权，但亦开始广纳建言，并提供部分弹性供地方政府或社区组织自主营造。

图3-3　近年来，县市政府每年度都会办理政府与社区间，以及社区与
　　　　社区间的交流活动，来促进社造经验传承与
　　　　组织间的互动与合作

　　而所谓的政策执行，吴定（2003：171~173）认为其涵盖下列六
大重点：第一，拟订执行政策方案的详细办法；第二，确定负责推动
政策方案的机关；第三，配置执行政策方案所需要的资源，包括：人
力、权责、经费、物材、设备、信息等；第四，采取适当的管理方
法，以执行政策方案；第五，采取必要的对应行动，包括促使执行人
员及标的人口顺服政策的奖惩措施等；第六，政策执行是一种动态的
反复运作过程。本文即以此六大面向作为分析文化事务主管机关推动
社区营造20年之架构。

三　从六大面向分析文化事务主管机关推动社造政策 20 年之轨迹

图 3-4　2014 年，台湾地区推动社造 20 年，
各界共享美好成果

吴定（2003）认为政策执行应观照的六大面向，包括：政策方案、负责机关、资源分配、管理方式、落实政策之行动、动态执行过程。本文整理曾旭正（2007）、"监察院"（2009）、邢瑜（2013）与文化事务主管机关官方网站[①]等资料，并以上述六大面向为架构，分析文化事务主管机关推动社区营造 20 年来的执行模式，数据如表 3-1 所示。

表 3-1　文化事务主管机关推动社造政策 20 年之轨迹

	面向	1994~1999 年	2000~2007 年	2008~2014 年
1	政策方案	• 充实乡镇展演设施计划 • 辅导美化地方传统文化建筑空间计划 • 辅导县市主题展示馆之设立与文物馆藏充实计划 • 社区文化活动发展计划 • 地方文化产业振兴计划	• 2001 年社区总体营造主要工作计划 • 2002 年社区总体营造主要工作计划 • 文化服务替代役之训练及运用计划 • 地方文化馆计划 • 社区总体营造奖助须知补助计划 • 挑战 2008	• 新故乡社区营造第二期计划 • 地方文化馆第二期计划 • 社区总体营造奖助须知补助计划 • 社区营造亮点计划补助作业要点 • 2014 年青年村落文化行动计划奖励作业要点 • 推展社造创新活力网络计划补助作业要点 • 村落文化发展计划补助作业要点 • 黄金人口参与村落文化发展补助作业要点

①　文化事务主管机关官方网站：http://www.moc.gov.tw/。

续表

面向	1994~1999 年	2000~2007 年		2008~2014 年	
2 负责机关	台湾当局	文建会	台湾当局	行政事务主管机关成立社造委员会、文建会为幕僚	台湾当局	文建会（2012 年改制为文化事务主管机关）
	地方	地方政府（文化中心）、乡镇市区公所	地方	地方政府文化局、乡镇市区公所	地方	地方政府文化局、乡镇市区公所
3 资源分配	资本门（硬件）经费为主、经常门（软件）经费为辅	经常门（软件）经费为主、资本门（硬件）经费为辅		经常门（软件）经费为主、资本门（硬件）经费为辅	
4 管理方式	• 文建会推动、县市文化中心辅导与评估 • 专业规划团队协助地方团体 • 文建会选定宜兰县、新竹市、高雄县、屏东县推动"县市层级社区总体营造计划"	• 成立专管中心与北中南东四个培力中心 • 跨部会成立新故乡社造计划咨询委员会、新故乡社造计划推动小组 • 推动行政机制社造化 • 辅导各县市成立县市层级社区营造中心		• 进行新故乡社区营造第二期计划——地方政府绩效评核及奖惩作业 • 各县市成立县市层级社区营造中心 • 持续推动行政社造化	
5 落实政策之行动	鼓励地方政府、乡镇市区公所、社区团体"自发性"投入社造，因此多以辅导、补助、赋能的方式推动政策	• 各县市文化局成立后，地方政府的自主性提高 • 透过奖助鼓励社区主动提案，将社造扎根到第一线社区		• 针对特定族群进行辅导与奖助 • 办理各项成果活动，扩大影响力，吸引更多的人投入社造	
6 动态执行过程	接纳外部专业组织建议，以形成新的推动策略	持续修正与整合相关计划，使台湾当局相关部会确立社造政策分工		委托研究计划评估成效与规划未来策略	

1994 年，文建会推动的社区营造是立基于 30 年的"社区发展"基础之上的。1960 年代，美国除了对台湾地区进行经济援助外，也尝试提升台湾地区的自治力，之后，联合国专家将社区发展的概念引入台湾地区。联合国经济社会理事会将社区发展定义为："一种过程。即由人民以自己的努力，与政府当局联合一致，去改善社区的经济、社会、文化环境，把社区与整个国家 / 地区的生活合为一体，俾其对国家 / 地区进步克尽其最大的贡献。"1965 年，行政事务主管机关便将社区发展列为社会福利措施七大要项之一；1968 年，内政事务主管机关提出具体的"社区发展工作纲要"。然而，当时台湾地区仍处于"戒严时期"，因此，社区发展政策较缺乏社区草根力量，而是由相关部门选定社区，鼓励其筹组社区理事会，再由相关部门补助其经费，从事公共设施建设、生产福利建设及精神伦理建设。1980 年代初期，台湾地区才开始出现从民间发起的社区运动（《经典杂志》编著，2014：16~17）。

　　文建会在如此的基础上，提出了社区总体营造的概念，并于 1994 年底开始，陆续推动"充实乡镇展演设施计划""辅导美化地方传统文化建筑空间计划""辅导县市主题展示馆之设立与文物馆藏充实计划""社区文化活动发展计划""地方文化产业振兴计划"，从文化空间、硬设备的改善开始着手，并辅以相关人才培训。在文建会推动社区总体营造的第一阶段（1994 年至 1999 年），各县市政府对口文建会的单位成为各地文化中心，因此，县市文化中心便成为文建会在地方推动社区营造的重要推手，当时，文建会选定宜兰县、新竹市、高雄县、屏东县为推动"县市层级社区总体营造计划"的县市。文建会开始推动社区营造，并非采用封闭与单向的政策执行方式，而是采用形成行动网络的方式，广纳可能的参与对象，在执行初期，文建会亦十分重视专家学者与相关组织的意见，借以形塑更合适的执行策略，进而落实社区营造的精神。

在第二阶段（2000年至2007年），文建会推动的社区营造政策更为成熟，且受到行政事务主管部门重视，成为其他台湾当局单位效法的对象。从2002年的"挑战2008——台湾发展重点计划"到2005年的"台湾健康社区六星计划"中，都可以看到行政事务主管部门动员相关部会，以社区为场域推动社区总体营造相关政策。从六星计划中的面向（包括：产业发展、社福医疗、社区治安、人文教育、环境景观、环保生态）来看，社区要想"总体"营造，真的得从多元的面向切入，必须依靠各单位之间有效的分工，除分工外，更重要的则是资源的整合，以便在有限的资源上，发挥更好的效益。在此阶段，社区不再只能等待各单位指派任务，而是能主动提出计划，由各单位核定补助经费，以推展地方文化工作。20世纪70~80年代，"社区发展"的政策是各单位可以将业务实施项目、经费统合在社区内执行，而从2000年初开始，"社区营造"则较强调"社区自主"，多由社区自行向相关单位提出计划与申请经费，甚至自筹经费以进行社区营造工作（张峻豪，2012）。而在部门的整合部分，于2000年左右，各县市文化中心开始改制为文化局，自此之后，文建会在各县市则有一个文化政策推动的专责单位，但由于社区营造推动的模式多元，因此，除各县市政府文化局外，文建会也辅助各县市成立"社区营造中心"，广纳专家学者与社区实务工作者，共同推动具有由下而上精神的社区营造。在地方政府推动社造方面，文建会也提出一个十分创新的方式，名为"行政社造化"，也就是希望借由地方政府跨局处会整合的资源及以乡镇市区公所为平台，形成一个完整的行政系统，以协助社区总体营造。在此阶段中，文化场所的设置也是重点，而文建会以"地方文化馆"计划来执行，另外，在这个时期间，最特别的政策便是进行"文化服务替代役"的计划，让役男依据自身才能，投入社区文化发展的工作。

前两个阶段加起来，文建会推动社区营造已有十余年的时间，不论是社区民众，还是台湾当局、地方民意代表，都十分关注社区营造政策到底产生了什么样的成果，纷纷用放大镜检视各地的社造效益。然而，社区营造并非硬件工程建设，亦不是一个能立竿见影的行动，其需要非常长的时间来投入，况且成果并非着重在"可见"的景观设施上，应该更重视的是人心的改变，举凡关心公共事务、投入社区发展等皆属之。在第三阶段（2008年至2014年），除了既有的计划延续执行进入第二期外，最重要的是，2012年文建会改制为文化事务主管机关，也开始将社区营造的对象开展至青年、高龄者，另，为求资源的有效分配，也提出村落文化计划，针对文化资源较少的社区进行补助。虽然社区营造的推动并非一蹴而就，但在十余年后，社区所开展的多样性样貌，也使社区营造产生更多的可能性，因此，从文建会到文化事务主管机关陆续推动"社区营造亮点计划补助作业要点""推展社造创新活力网络计划补助作业要点"，期望从较弹性与多元的角度，

社区 X 营造 政策规划与理论实践

鼓励各类能永续与创新的社造机制，持续为社区营造注入活力。

图 3-5　文化事务主管机关推动社区营造过程中十分重视人才培训，
包括：社区在地文化人才、文化馆舍管理人才等培育
（照片内容为 2009 年文建会地方文化馆学习
发展工作坊第一梯次）

图 3-6　乡镇市区公所为地方发展社区营造的串联平台，透过连接
社区组织，将在地文化特色整体进行展现与营销

四　文化事务主管机关社区营造政策执行的分析与未来展望

文化事务主管机关推动社区营造 20 年来，此项工作不仅成为社会观察政府施政内容的重要指标，更是台湾地区培养地方草根力量的重要推手，成为形塑市民社会的基础。曾旭正（2014）从人、文、地、景、产五大面向来分析社区营造的现况，其认为近十年来，台湾社区十分努力，在上述五大面向上累积了深浅不等的经验。在"人"（人力资源）、"文"（文化）方面，因为这部分的执行较少依赖物质条件，所以，各社区常有热情的文史工作者投入，也累积了丰富的成果。而在"地"（天然地理条件）与"产"（产业）部分，因为其依赖较高的技术与政治、经济条件，且目前的经验也有限，因此只有部分的社区有发展潜力。在社区"景"观上，因为效果容易彰显，政府也投入多个政策，在成效上显得较为丰富。而张峻豪（2012）认为社区可区分为下列四种类型。

第一，以制度建立共识：社区是透过争取政府各项计划、配合政府施政，或是经由上级机关政令推动形成的。

第二，以传统建立共识：由村、里长或地方意见领袖主导所形成的社区。

第三，以环境建立共识：因天时或地利而形成社区动力，也就是说社区是受到外在环境改变的影响，才有社区意识的产生与凝聚。

第四，另觅路径建立共识：透过自行建立社区特色，使社区跳脱制度结构，另辟新的发展路径。

从上述可以看到学者观察这数十年来的社区发展，乃至于社区营造的类型与成效，而本文则另外从文化事务主管机关推动社区营造过程中形成的各组织间的互动关系与行动网络，来分析社区营造政策的执行历程。

（一）"由上而下"及"由下而上"之社造力量

"健全的行动网络"是文化事务主管机关推动社区营造工作的关键基础。过去的讨论多着重在所谓的"由上而下"及"由下而上"的两股力量，也就是政府与民间上下的互动关系。上述的政策网络在二十年间已逐渐成熟与稳定，其中的转变与轨迹如图3-7所示。

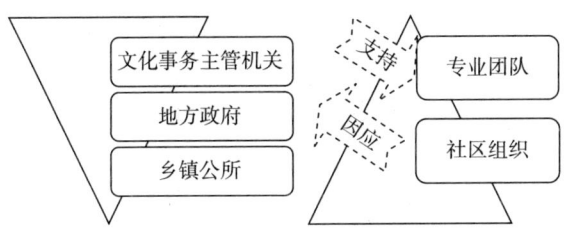

图3-7 "由上而下"及"由下而上"之社造力量

1. 地方政府执行窗口的确立（从文化中心到文化局）

2000年左右，各县市的文化中心开始改制为地方文化局，在相关资源与位阶提升后，各县市开始有推动文化事务的专责单位，以响应日益增加的文化工作，而文化局也成为当时文建会推动社区营造政策的重要推手。

2. 专业协力团队的参与（从规划团队到培力团队）

在社区营造政策推动之初，当时的文建会着重改善文化设施、空间设备，因此协力乡镇市区公所、社区团体的专业团队多属于设计规划类的专业组织。在2000年之后，文建会的社造政策更着重"造人"，也就是社区人才的培力，使社区不仅在文化设施环境的改善方面，在人的营造部分，也能有所成效，因此，之后的专业团队多属于辅导型的培力团队（例如，各县市的社造中心）。

3. 经费投入由硬件转为软件

在"挑战2008——台湾发展重点计划"与"台湾健康社区六星计划"推动之后，除文建会外，教育事务主管机关、内政事务主管机关、经济事务主管机关、环保事务主管机关、"农委会""客委会"等台湾当局部会皆投入社区营造，因此，许多硬件设施的规划开始由其他单位负责，而文建会则将经费资源投在软件上，仅将部分经费用于硬件改善。

4. 乡镇市区公所与社区组织是第一线的社造前锋

社区营造推动20年以来，从台湾当局到社区组织各司其职，文建会负担起政策创新者的责任，试图以崭新的行动网络推动文化工作，而地方政府则负责统筹、督导与评估，站在社区营造第一线的则是乡镇市区公所与社区组织。政府体系由上而下有一完整的分工与执行计划的系统，在社造政策推动初期，由此系统出发已能完成当时的社造目标（文化空间设施改善）。而在社造目标转向重软件后，政府外部的社区团体开始扮演重要角色，在专业培力团队的辅导下，与政府系统一同为社区发展努力，此时，由下而上的力量兴起，与政府由上而下的力量接轨。

5. 政策方向由普遍鼓励调整为支持特殊群体发展

早期文建会推动社区营造政策时，社区力量尚微弱，因此，在政策目标上，多希望社区营造能够遍地开花，这部分从各县市政府积极投入县市层级的社造计划便可看出成效。而20年来，台湾地区的社会环境已然不同，高龄化、少子化、城乡差距成为台湾当局需要面对的新问题，因此，近年来文化事务主管机关推动社区营造的目标也加上高龄人口、青年、村落文化等议题。

（二）从"由上而下"及"由下而上"到双圈六角互动模式

社区营造推动20年来，政策执行的模式已经逐渐成熟，但在这个过程中，也不难发现其中相关主体间的角色与互动关系，有些调整与改变。另外，值得注意的是，在约十年前，开始有企业投入支持社区自主力量的开展，不仅如此，在推动社区营造的现场，也常能发现许多公司、行号将社区视为其实践企业社会责任的场域。因此，本文提出推动社区营造的"双圈六角互动模式"（见图3-8），希望能解决目前社区营造推动的困境，说明如下。

第一，文化事务主管机关、地方政府身负重任，除需进行政策规划与执行外，亦得面临政府资源紧缩与组织精简的问题；

第二，社造政策与计划多元，虽各有其政策定位，但有时难免造

成资源重叠或资源分配不均;

第三,社造政策的规划必须要是中程或长程的计划,这才能使社区有所依归,但面临社区突发事件或特殊议题时,却难以量身定做具有差异性的方案。

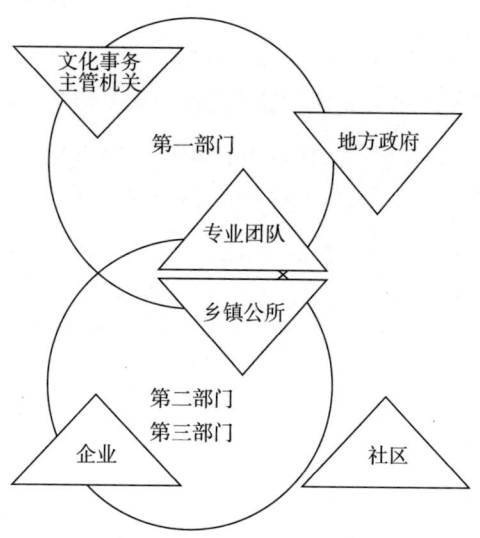

图 3-8 社区营造"双圈六角互动模式"

在现今社会里,相关规定通常会要求行政创新,然,由于民众的喜好多样化,且公共事务具有复杂性,因此,相关人员不能仅是被动等待民众的声音(萧武桐,2002)。以下说明本文所建立的社区营造"双圈六角互动模式"的内涵与各主体间角色的转变,以及在互动过程中应注意的部分。

1. 能够当主角，也要能够当配角

此模式依然存在由上而下、由下而上的两股力量，但其中主体的关系已经很难能够独立运作，必须要是相互支持的关系，有时"你是主、我是客"，有时"我是主、你是客"。这个部分必须要跳脱政府机构或社区组织的本位主义，只有这样彼此之间才能够相辅相成。

2. 乡镇市区公所从第一线执行者转变为沟通平台

要避免社造资源重叠或分配不均，则必须建立一个离社区最近，且最了解社区的沟通平台，在经历多年的行政社造化工作后，乡镇市区公所应能担负此责任。

3. 专业团队从陪伴与培力社区转为政策倡议者及社会企业

社区营造推动20年以来，主管部门常透过委托项目或合作的方式促成专业团队与社区共同推动社造，这样的专业团队就像主管部门的另一只手，陪伴与培力社区，激发社区由下而上的力量。在"双圈六角互动模式"中，专业团队的贡献将更大，其要站在社区的立场，向主管部门提出诉求，使社造政策臻于完善，另外，其也可以弥补主管部门推动社造政策时的不足，以社会企业的方式，协助社区建构永续发展的营运方式。

4. 企业投入社区营造成为常态或建立长期合作关系

财政紧缩的问题是所有国家和地区正面对的议题，此时，促成企业投入支持社区营造工作，将是解决资源问题的重要方法。除了文化事务主管机关或各县市政府投入促成外，更重要的是在地企业与社区之间的关系建立，而在社造活动部分，适当的使用者付费，亦是需要的。换句话说，社区的资金来源将从政府转为私部门，甚至是一般民众，这也使社区更能因地制宜地规划社区发展方向，而不是只能依据政策补助方向提交计划。

5. 文化事务主管机关与地方行政机关不再"校长兼撞钟"

不论是台湾当局还是地方政府的文化部门，为了推动社区营造都努力规划政策与争取经费，但难免也受外界质疑"绩效不彰"（造人不易立竿见影），使得地方政府必须与专业团队协力进行社区培力，甚至是陪伴社区执行计划。在双圈六角的互动模式中，社区、在地企业、乡镇市区公所是最常合作的伙伴，而台湾当局与地方政府应扮演"提供舞台、给予奖励"的角色，避免繁杂的核销行政流程，正如世界性或台湾地区的奖项一般，社区带着成果来彼此分享、良性竞争。但，针对起步型、弱势、特殊社区的需求，则应给予补助与培力，以达到立足点的平等。

五　结论

从文建会到文化事务主管机关推动社区营造已经有 20 年，其间投入的人力、物力等资源十分丰富，各级单位也都参与其中，Wildavsky（1977）曾提醒公共政策制定者应注意政策"做得更多，却让人感觉更差"（doing better andfeeling worse）的现象。这是为什么呢？因为社区的需求十分多元，但却很难被所有的社造计划所涵盖。1970 年代，在美国兴起新公共行政浪潮，"民主行政"的概念被大力强调。一个具有民主行政特性的公共行政或公共政策，应该实时与充分响应社区需求，能促使民众积极主动地参与，亦可透过地方政府与民众的结合，共同解决社会重大问题（吴定，2006）。由此可知，文化事务主管机关正面临的挑战（难以实时与充分响应社区需求）是许多公务部门共同的课题，唯有透过邀请社区民众，甚至是许多社会力量一同参与（含企业与第三部门），问题才可能迎刃而解。

正因此，本文提出社区营造的"双圈六角互动模式"，将其特征归纳如下：第一，社区从依赖政府资源与依循政策方向到自主规划与独立运作；第二，在地企业投入社造，另外，参与社区营造相关文化活动建立使用者付费之观念；第三，在社区营造的第一线上，专业团队的角色逐渐淡化，而乡镇市区公所的角色则渐次强化；第四，台湾当局与地方行政机关加强社造奖励方案，而非仅是社区单方面提案申请补助；第五，政府培植社造专业团队转型为社会企业。

总论之，文化事务主管机关推动社区营造政策虽然是师法于他国的政策方案与操作策略，然而，在累积20年的社造实务经验后，台湾地区也开始走出一套推动社区发展及社区营造的在地模式。文化建设并非一蹴而就，建立市民社会更需要很长的时间，甚至从基础教育便要开始，这样的一条路几乎是没有尽头的，从第一部门的政府、第二部门的企业到第三部门的非营利组织，乃至于世世代代的人民都必须要付出心力与投入，如此一来，才能使我们生活的社区永续发展，进而形塑你我都认同的"幸福社会"。

参考文献：

王本壮、周芳怡（2007），《培力青年参与社区总体营造之行动研究：以苗栗县为例》，《联大学报》4（2），第 125~149 页。

吴定（2003），《政策管理》，台北：联经出版事业公司。

吴定（2006），《公共政策辞典》（第三版），台北：五南图书出版股份有限公司。

吴琼恩、周光辉、魏娜、卢伟斯（2004），《公共行政学》，台北：智胜文化。

邢瑜（2013），《政策变迁对社区意涵的影响：台湾一九九四至二〇一二年的社区总体营造政策》，《中国行政评论》19（4），第 1~23 页。

周芳怡（2012），《我国政策创新与执行模式之研究：以"教育部""建立社区教育学习体系计划"为例》，未出版之博士论文，台湾政治大学公共行政学系。

林水波（1999），《公共政策论衡》，台北：智胜文化。

林水波、王崇斌（1998），《政策评论与政策变迁的关联性：批判取向的分析》，《台湾政治学刊》3，第 195~273 页。

张峻豪（2012），《台湾社区发展的脉络与类型：一个历史制度主义的分析》，《国家与社会》12，第 259~297 页。

曾旭正（2007），《台湾的社区营造》，台北：远足文化。

曾旭正（2014），《营造社区公众生活与公共空间的基本课题》，《建筑学报》87，第 159~174 页。

新竹市立文化中心（1998），《县市层级社区总体营造工作手册》，新竹：新竹市立文化中心。

《经典杂志》编著（2014），《咱ㄟ社区》，台北：《经典杂志》。

"监察院"（2009），《推动社区总体营造工作之成效与检讨项目调查研究（授权POD产出）》，台北："监察院"。

萧武桐（2002），《公务伦理》（初版二刷），台北：智胜文化。

Anderson, J. E. (1994). *Public Policy-making: An Introduction* (2nd ed.). Geneva, IL: Houghton Mifflin.

Pressman, J. L. and Wildavsky, A. (1984). *Implementation: How Great Expectations in Washington are Dashed in Oakland* (3rd ed.). Berkeley and Los Angeles: University of California Press.

Thelen, K. and Steinmo, S. (1992). "Historical Institutionalism in Comparative Politics," in Steinmo, S., Thelen, K. and Longstreth, F. (eds.), *Structuring Politics: Historical Institutionalism in Comparative Analysis*, 1–32.

Thoenig, J. C.(2003). "Institutional Theory and Public Institutions: Traditions and Appropriateness," in Peters, B. G. and Pierre, J. (ed.), *Handbook of Public Administration*, 127–137. London: Sage.

Wildavsky, A. (1977). "Doing Better and Feeling Worse: The Political Pathology of Health Policy," *Daedalus*, 106 (1): 105–123.

浅谈大陆城市地区的社区治理状况

——以北京市为例

孙瑜

　　清华大学社会学博士。现为清华大学公益慈善研究院博士后研究员、清华大学信义社区营造研究中心执行顾问、"信义社区营造研究中心社区营造书系"编辑委员会委员。曾任清华大学信义社区营造研究中心秘书长。长期观察台湾及大陆地区的社区营造实践经验，以期总结提炼本土社区治理模式。主要研究方向为社区自组织、社会网络关系研究。参与写作《云村重建纪事——一次社区自组织实验的田野记录》。

文章导读

　　大陆多年来的发展转型进程中，不同时期的社会政策与管理体制在城市社区内汇聚，社区政策的变革过程如何？其基本内涵与发展动力如何？本文在厘清上述问题的同时，以北京市社区治理的多种尝试为例，浅谈目前大陆城市社区实践的类型、其中折射的问题，以及未来走向，并希望让台湾社区营造界的研究者与实务者简要了解目前大陆对"社区营造"的应用情况。

一 如何定义社区

1887 年，滕尼斯在他的社区研究经典著述里表达出对朴质乡村的怀念——传统的农村村庄代表社区共同体，而新兴的现代工业城市则代表着社会，二者两分对立。在他看来，社区是由自然意志形成的，以熟悉、同情、信任、相互依赖和社会黏合为特征的共同体组织；而社会则是由理性意志形成的，以陌生、反感、不信任、独立和社会连接为特征的社会结合体（夏学銮，2002）。20 世纪以来的人类社会，是从"社区"迈向"社会"即大规模的城市化的过程。国际上通行的社区实践为"社区发展"，它的总体理论是显而易见的，就是从社区到社会的社会现代化理论。在台湾地区，1994 年由文建会提出的"社区总体营造"在 20 多年间逐步演变为多部会整合的政策，有着区别于"社区发展"的鲜明特征，背后既有在特定历史时期构建社会认同之考虑（黄丽玲，1995），也有透过社区实现政府与民间的有效互动、深化民主、打造市民社会的深刻意义（李丁赞，2014）。

1949 年以来的大陆社会政策发展经历了三个阶段，其中可见国家在公共福利和服务中的角色变迁。大陆地区的城市管理体制也以 1980 年代为界，由单位制转变为社区制；农村地区则在几近相同的时间内由政社合一的人民公社管理走向了村民自治。如果把传统中国社会看作城市化进程中农村的一端，那么到现在，我们并没有完成整个城市化过程。反观大陆多年来的转型发展进程，不同时期的社会政策与管理体制在城市社区内汇聚，社区政策的变革过程如何？其基本内涵与发展动力如何？本文在厘清上述问题的同时，以北京市社区治理的多种尝试为例，浅谈目前大陆城市社区实践的类型、其中折射的问题，以及未来走向，希望让台湾社区营造界的研究者与实务者了解目前大陆对"社区营造"的应用情况。

二 大陆社区政策变革轨迹

（一）1949 年以前：传统的社区

在 1949 年以前，中国乡村是最接近滕尼斯的"社区"概念的持久和真正的共同生活载体。其中人际关系呈现出相互信任、守望相助、服从权威并基于共同体文化价值观基础之上的特征，形态体现为以农耕文明、自然经济为主的村落社区；同时也存在承担农副产品集散地功能的城镇社区，主要居住着商人和离乡的士绅。传统的城镇社区虽没有村落社区的熟人社会程度深厚，但仍有村落社区延伸至此的血缘、地缘关系网络，二者仍是有机的整体，这成为社区整合的基础。

（二）1949 年至改革开放前：单位与公社即社区，全能型政府

改革开放前，大陆实行计划经济，在高度集中的计划体制下，所有的社会经济活动都是由政府或相当于政府的组织安排和计划的。在农村，由生产队、大队和人民公社组织村民的生产和生活，村民几乎没有任何自主权，被牢牢束缚于土地之上。在城市社会，呈现出以下特点：①单位制，人们生活在单位里，每个城市居民都要有一定单位身份，人们的各种需求都是通过工作单位来满足的；②每个人都按照国家统一制定的分配体制获取资源，在收入和福利上差别较小；③人们的生产和生活机会被限制在户籍所在地，在职业上缺乏自主选择性，在空间上缺少自由迁徙的机会。这一时期，生产和生活在制度上是一致的，甚至在空间上也是一体的（郑中玉，2011），学者将此阶段总结为"总体性体制"（沈原，2008）下政府扮演的"全权全能型"的角色。

（三）改革开放至 1990 年代：社区服务，市场化的尝试

20 世纪 70 年代的改革开放，开启了大陆以发展经济为导向的社会经济转型。在这一转型阶段，政府的经济职能凸显，而社会政策服务于经济政策，在讲效率、促增长、减负担的考虑下，国家有意识地弱化在公共福利提供上的功能和角色，从众多公共服务领域中全面撤退。在 1980 年代后启动的农村改革首先使得农民有了生产经营自主

权，家庭承包经营制的推广使得大量的农村劳动力得以解放，乡镇企业兴起，建立了集体所有制的劳动密集型企业，其利润在一定程度上维持和改善了当地的教育、卫生及农民生活。

在城市，此一时期也是单位制弱化、原先依托于单位的社会服务提供机制开始退守的时期。民政部在 1986 年提出了"社会福利社会办"的思想，即动员社会各方力量，从改革开放前全部由国家包办的、单一的福利体制向国家、集体、个人一起办的体制转变。"社会福利社会办"的提出可以被看作国家欲以原先仅作为单位制补充的街居体系（街道和居委会）为中心构建"街道社会福利网络"解决诸多社会问题的努力。"社区服务"的概念正是在这样一个背景下提出的。1989 年，《中华人民共和国城市居民委员会组织法》采用了"社区服务"的概念，以立法的形式指出开展便民利民的社区服务活动是居委会的职责，且居委会可兴办相关的服务事业（潘小娟，2004）。以"城市社区"为依托取代 1950 年代以来主要通过各级"单位"提供社会福利及服务的政策思路正式确立下来，"社会服务社区化"的思想也孕育其中。1993 年中央 13 部委联合发布《关于加快发展社区服务业的意见》，这一政策发挥了社区在社会福利事业中的功能，社区开始成为与街道办同列的社区服务依托组织。

此阶段以经济体制改革为社会转型的主要任务，将原先包含在"总体性"体制自身内的经济力释放出来，按照"市场"即"价格机制"的原则进行重组。"市场经济"极大地促进了生产的发展，改善了国民的生活，增强了国家的财力。不过，它在积累起前所未有的巨

社区X营造 政策规划与理论实践

大财富的同时，也释放出了空前巨大的张力。在实际运作中，社区服务当中的公共服务与商业服务界限不明，造成社区服务提供商"分饰两角"的矛盾现象日益严重，"街居经济"使得街道和居委会层面也出现了"政企不分"的问题。不少社区服务商业化、逐利化倾向明显，同时，也存在行政色彩浓、结构不合理、专业化程度低、社会参与度低等问题。"把社区服务当作产业来经营"与"具有社会福利性的居民服务业"的双重属性使大陆社会的社区服务落入"天生的"尴尬矛盾境地（雷洁琼、王思斌等，2001；潘小娟，2004）。这一阶段大陆的社区政策的特征是将满足社会福利与社会保障需求的责任从政府向市场转移，凸显市场价值导向。

（四）1990 年代至 2010 年：社区建设，政府与社会边界逐步厘清

早在 1991 年社区服务产业化、市场化的政策被酝酿的同时，一个新的概念——"社区建设"已悄然兴起。大陆的社区建设运动是自上而下以及政府体制改革的一部分，体现了以行政力量推动社会运行的政治传统。当时，民政部官员谈到为何要开展社区建设时，陈述了以下四点考虑：①社区建设是较社区服务更为全面、完善和系统的工作内容；②社区建设仍然要动员和发挥社区的力量，包括辖区单位和社区居民的积极性；③社区建设是发挥和完善基层政权组织职能的具体措施；④社区建设是政治体制改革的需要（潘小娟，2004）。

自单位制解体之后，国家开始直接面对社会成员个体，因而寻找

新的城市管理模式成为政府工作之重,而出于对传统行政模式的路径依赖,原先作为单位体制之辅助的街道居委会体系及其管理单元——社区,则成为新管理模式的焦点(杨淑琴等,2010)。可见,此一新形势下城市管理体制重构的实质是对原先的街居制的升级改造。民政部在1991年首次提出社区建设概念后长达十年的探索期内三次召开"全国城市社区建设研讨会",并在全国范围推动试点,先后推出了以街道和居委会一体化为特征的"行政推进型"的上海模式(1995年)、重新划定社区规模尝试"议行分设"的社区组织体系的沈阳模式(1999年)、转变政府职能的江汉模式(2000年),以及其他如哈尔滨南岗模式、宁波模式、武汉百步亭模式、北京鲁谷街道的社区管理体制改革、成都锦江模式、青岛浮山后模式、南京白下区模式、深圳盐田模式、南山模式等。这些模式分别显示出强化地方行政建设、强调服务导向、重组社区组织架构、厘清政社边界等方向的努力,体现出社区体制改革的多种面向(余冰,2015)。在各地的改革实践之后,民政部于1999年制定了《全国社区建设试验区工作方案》,要求各地"根据本区实际,建立适合社会主义市场经济运行机制的行政管理模式"。此后各地陆续开展"两级政府、三级管理"的改革,即除了市政府、区政府之外,街道办被列为第三级管理主体。经过改革,街道办以往"权小责大"的情况大大改观,权力得到相应的增强。

2000年,由中共中央办公厅和国务院办公厅两大党政部门联合下发的《民政部关于在全国推进城市社区建设的意见》(以下简称《意见》),可以说是此改革的最终成果。该《意见》接受了西方学界对

"社区是指聚居在一定地域范围内的人们所组成的社会生活共同体"的定义，但其重点在规定城市社区的范围时仍然是以社区居委会的辖区为界定，只是对其管理规模做了调整。

可见，社区建设政策的实质是国家借用社区这样一个地域性概念，将其操作为城市基层管理的单位，以期解决市场经济发展和单位制解体所引发的一系列社会问题，并通过社区建设加强基层政权建设，因此政策所重点关注的是社区的地域范围、人口规模、组织建设和制度建设（杨敏，2007）。在此一阶段，社区作为"单位"的替代品成为大陆进行社会管理的基础。在由大陆所主导的社区建设中，社区居民、社区组织等民间力量虽然也常常出现在政策当中并强调其参与的必要性，但国家权力在社区中始终处于绝对的支配地位，民间社会仍然是附属的角色，以居委会直选为代表性活动的居民自治和社区参与，是为了整合民众对政权体制的支持，社区制中的"国家－社会"关系与单位制并不存在质的差别（李亚雄，2003）。得到增权后的街道办同样将庞杂的事务转嫁给社区，将居委会转化成自己的"腿脚"，由此不免出现社区工作行政化、居委会超负荷运转等问题（吴晓林，2015）。

（五）2010 年至今：社区多元协调治理，政府、社会与市场多方力量的合作

从 2000 年开始，一些有关专项社区服务的政策就相继由相关的政府部门制定提出，涵盖了残障人士、社区矫正、社区卫生、社区警

务、企业退休人员等多种服务对象和服务领域。2006年、2007年和2011年分别由国务院、国家发改委、民政部等部门发布的文件在国家层面重申了社区服务的重要性，但政策中的价值导向已有所转变。2006年的《国务院关于加强和改进社区服务工作的意见》提出了"政府提供公共服务，鼓励、支持社区居民和社会力量参与社区服务"的分工；2007年国家发改委和民政部联合发布的《"十一五"社区服务体系发展规划》提出"将延伸服务职能、使政府相关公共服务覆盖到社区作为主要工作内容"；2011年的《社区服务体系建设规划（2011年至2015年）》进一步说明"社区服务体系……以公共服务、志愿服务、便民利民服务为主要内容"，区分了"社区专业服务"和"商业服务"，提出确保社区服务的公益性和便民利民特点，并以"积极推进公共服务覆盖到社区"作为社区服务体系建设的重点任务，强调社区的"兜底"功能。在此，公共服务社区化的意涵已非常明显。

从这一进程来看，与1999年以后在城市逐步推广的社区党建、居委会直选、社区工作站、社区服务站等属于组织渗透和程序渗透的社区管理方式所不同的是，"公共服务社区化"是对20世纪80～90年代的社区服务功能的重构，重构的重点是凸显社区和政府的服务职能，而非像20年前那样强调社区服务的市场性面向。当前中央政府在社会管理方面亟待解决的问题正是要实现从行政管制型政府向规制型服务政府转变，即政府向社会提供的最主要的公共产品是制度和服务；同时管理的主体也要从传统的国家、政府扩展到包括非营利组织、中介组织等在内的公共部门以及公民个人。由此，社会管理变成一种基于多元化治理结构、多中心主体的开放式公共治理，表现在社区治理方面，则包括要积极推行公共服务社区化（陈振明等，2005）。

2013年第十八届三中全会提出了要"创新社会治理……增强社会发展活力，提高社会治理水平"。相较于管理，治理更倾向于强调社会各方力量共同关心、共同参与公共事务，一字之差代表了政府理念的转变——正在向着强调公共服务与多元参与的价值导向转变。大陆的社区政策在经历了市场主义的社区服务产业化发展、威权主义的城市管理体制改革与基层政权重建，现已进入到以民生福祉为导向的多元社区治理时期。

三 以北京地区的社区实践为例

在当前新的历史阶段，首先从国家层面看，国家所面临的主要任务和挑战已转变为提供公共服务、协调不同群体利益以及维持社会秩序，而政府通过社区传递社会保障和公共服务这样一种功能渗透的方式，可增加政绩从而增强政府的合法性（肖林，2013）；再从社会层面深入观察，随着经济社会的发展，特别是市场机制无所不在的渗透，个体意识的崛起也是一个明显的趋势。有学者将其概括为"集体化社会"日渐萎缩，"个体化社会"不断兴起（郑杭生、黄家亮，2012），需要开放更多的通道使民众实现有效的社会再整合。正是因应以上的社会发展趋势，各地开展了丰富多样的社区治理实践。以北京地区为例，目前社区内存在着居委会、社区工作站、民间组织、驻社区单位、企业和个人等多种参与主体，如何坚持共同参与是各种社会力量一同在探索的问题。

（一）大量的社会职能逐步向社区转移，实现合作共治

过去社区治理体制的一个根本性缺陷就是政府独大，市场和社会的力量极为薄弱，甚至缺席，这导致社区治理的过度行政化，不仅影响了社区资源的配置效率，而且与社区居委会自治组织的定位背道而驰。而所谓合作共治，主要是指在社区治理过程中，充分发挥政府、市场、社会三大部门各种组织的优势，使它们形成合力，共同管理社区公共事务。在此治理机制的思路之下，民政部提出以社区、社会组织、社会工作"三社联动"为主线的操作方式：一是要强化社区自治功能，推进社区减负增效专项行动，推动社区协商广泛多层制度化发展；二是要激发社会组织活力，建立社区公益创投机制和社区社会组织孵化基地，健全社区社会组织承接基层政府公共服务机制；三是要壮大社会工作队伍，着力提高社区工作者的专业化程度和技能水平，吸引优秀社会工作机构和人才参与社区治理和服务。北京正在尝试建立社区、社会组织和社会工作专业人才的联动服务机制，并在各区设立试点，吸引各类社会组织入驻。

1. 以政府出资向社会组织购买服务的形式，实现政府与社会的合作治理

社会组织与政府合作在以下领域展开工作：承办政府委托的社区服务项目及公共服务平台的托管、培育社区服务领域社工、对社区成

员进行能力建设、策划组织社区服务领域各类服务活动和项目。例如北京市朝阳区委社会工委、区社会办采取政府购买服务的方式，引入北京恩派（NPI）非营利组织发展中心等专业社会组织参与顶层设计，并对重点试点社区进行提案示范。恩派社区服务平台以托管政府设在社区的社区服务中心为基础，着力于社区能力建设和社区资源整合，引进专业化社区服务组织，开展满足社区居民需要的社区服务项目，以提升居民的生活质量，增强社区成员对社区的归属感。在恩派的辅导下，朝阳区各试点单位针对部分居民不善于在社区事务方面表达合理诉求的弱点，由社会组织开展社区议事规则培训，帮助居民学会把在社区遇到的问题变成提案。在试点社区，居民学会用提案形式解决社区建设问题，在实现社区居民自我管理、教育、服务的同时，自身价值也得到体现。

2. 推行"公益创投"项目，扩大参与主体覆盖面

公益创投是一种新型的公益资本投入方式。它为初创期和中小型的公益组织提供"种子资金"，在实践中也被延伸至社会自组织团体，除了资金，还提供配套的管理和技术支持。通过与被投资者建立长期的合作伙伴关系，从而达到促进能力建设和模式创新的目的。目前北京地区以政府部门参与公益创投为主，资金主要来源于各级民政部门的福利彩票公益金、区街道级的专项经费，支持型社会组织承接创投项目后再将资金导入社区。在实践领域也展现出一些突出的创新实例，如清华大学社会学系沈原和罗家德两位教授带领工作团队在老北京大栅栏街道所做的社区营造探索实验中，就在极力打通这条微创投

图 4-1　2015 年 8 月，大栅栏社区营造培训班与微创投启动

图 4-2　微创投项目之小小文化导览队培训活动现场

图 4-3　大栅栏社区助老队

链条，让政府和更多的社会资源能够有效注入社区，激发社区的自组织营造活力。

2015 年，清华大学社造团队与梧桐学苑公益发展中心合作，在大栅栏街道工委的支持下，梧桐学苑公益发展中心申请到福彩公益金项目，自 2015 年 8 月在大栅栏街道 9 个社区内开展为期半年的"我们共有一个家——大栅栏社区总体营造项目"，以社区公益创投大赛及相关培训活动为主。通过该次微创投活动，20 个居民自发性项目得到资助，如社区导览员培训、女子消防队、胡同美化、社区公园改建、养犬自律会等。这让社区营造的理念在大栅栏地区得到普及。从 2016 年 10 月开始，由清华大学社造团队核心成员成立的西城区群学社区服务中心，向大栅栏街道申请到相关创投经费，开始启动了大栅栏街道第 2 届、第 2.5 届公益微创投项目。至此清华社造团队开始全力投入社造流程及搭建社区营造协商平台的探索。社造五大工作流程包括：资源调查、社造培训（挖掘动员能人）、微公益创投（发起自组织）、培育组织四阶段（种子 – 小苗 – 小树 – 大树）、评估流程（线上线下、以评促建）。截至 2017 年 11 月，大栅栏街道已有 24 个居民社造自组织项目，分别有 16 个小种子和 8 个小苗进入实施的阶段，项目类型涵盖社区志愿服务、为老服务、青少年服务、老北京历史文化传承、社区安全、社区文明、文娱健身等。大栅栏街道已经形成了以微公益创投为纽带，以街道办事处和社区两委一站、清华大学社造团队为代表的专家学者力量的社造型社会组织群学社区服务中心，社区居民之间也形成良性互动，更多的社区能人和社区自组织不断涌现，在多方资源注入的背景下，居民主动参与、提出需求，共同处理公共事务，营建美好的社区生活。

这套模式依旧在探索过程之中，对参与其中的各方都是一种挑战和转变。尤其是政府在资源投入的过程中，还需要从购买服务者逐渐转为社会价值传导者、社会创新的支持监督方，给社造型社会组织提供健康持续发展的空间，有效搭建基金会、企业和其他社会组织（如支持型社会组织）介入社区进行公益创投的制度平台。

3. 吸收先进的社区实践经验，激发社区参与效度

此时期，社区为本的社会工作受到关注和重视，台湾地区的社区营造实施经验及工作方法也得以嵌入。不过，在现实场域中，如何践行社区为本的整合型社区工作仍是一个难题。自 2011 年清华大学信义营造研究中心成立以来，在大陆推广社区营造的理念与工作方法，并为各类社会组织开展了培训。"社区营造"为传统社区工作带来有力补足，使得社区工作者从关怀生命到重视关系网络、从关注生活到营造生活圈、从提供服务到创造社区愿景并铺设实践之路，成为能够调动整体资源、创新社区参与方式、协助社区发展规划的可持续发展推动者。大陆诸多公益支持性组织将社区营造理念与日常工作

相结合，将其带入到与政府、企业的社区治理合作之中。

2015 年初，恩派协助北京市朝阳区确立了"社区营造计划"，以居民提案的形式解决社区文化、环境、帮困、养老、治安、服务等方面难题。该项计划目前已在朝阳区辖区内的安贞、朝外、潘家园、三间房等街乡共 30 个社区展开，试点单位以解决社区事务为牵引，通过培养居民学会提案，整合社区资源，挖掘社区建设潜能，激发居民参与社区事务的活力。社区营造与一般性社区建设工作有明显的不同，除居民提案式的运作方式能够提高社区治理潜能外，还去掉了行政化的"一刀切"式方法，倡导因地制宜地开展社区服务管理。

（二）社区提升自治组织化程度，以提升居民自治能力

城市社区自治组织是社区居民通过平等协商信任合作的方式自主结合在一起，共同解决社区公共事务和实现社区利益最大化的地域性组织，它包括居委会、社区成员代表大会、社区协商议事委员会、业主委员会、社区志愿组织等。目前，居委会的行政化特色依然明显，但同时在社会组织登记法规开始宽松的背景下，许多自愿性的社区社团或非营利组织开始大量涌现。

1. 社区基金会的建立

在大陆，社区基金会虽然起步较晚，但以深圳、上海为代表，发展态势良好。2015 年，北京市首家社区公益基金会"北京市思诚朝阳门社区基金会"于 10 月中旬成立，该基金会是由中国国际民间组织合作促进会、桃源居公益事业发展基金会、南京爱德基金会共同筹

集 400 万元注册资金，由朝阳门街道办事处提供办公用房，在北京市民政局以社团注册的非公募基金会。思诚朝阳门社区基金会以助力社区、优化服务、改善社区民生，促进社区发展为宗旨，资助社区治理、社区家庭教育、培育社区组织等公益项目。此基金会是由北京地区诸多较有影响力的公益人物和机构牵头进行的首次尝试，因此也难以彻底"社区化"，体现在理事会等工作人员并非全部是所在地社区居民，资金也并未出自本社区。尽管如此，本着服务社区居民的出发点，思诚朝阳门社区基金会重点资助社区居家养老、社区和四合院公共空间建设与治理等方面的项目，目前在进行朝阳门街道 6 个老旧四合院居住条件的改造。

2. 建立"社区议事会"，倡导参与式治理

社区议事会是社区居民参与公共事务讨论的重要协商平台。如 2014 年，海淀区政府与清华大学社会科学学院教授李强课题组合作，对清河街道进行社会治理的"新清河实验"，在清河街道开始试行"社区议事会"制度，议事会挂在居委会之下，议事委员也是居委会委员，其主要职责是就社区环境卫生、治安管理、老幼服务等工作征集居民代表意见，请居民参与社区决策。2015 年 1 月，清河街道三个社区选举出 34 名议事委员，他们主要的议题就是如何使用每个社区 8 万元的公益金。公益金是指市、区、街各类社会建设专项资金，拨付到街道公共服务协会统一支取管理。再如，长期活跃在北京各大社区的社区参与行动是一家促进城乡社区参与式发展的公益机构，他们推动社区层面的参与式治理，通过运用参与式方法让社区居民学会协商

问题、提出需求，同时授权居民参与社区公共事务的项目管理模式。项目管理模式使居民自己决定关系他们切身利益的社区事务，并提出解决这些需求的行动计划，通过这些计划的实施创造社区参与空间，使良性的社会整合在操作层面上有了落实的载体。

3. 成立社区社会组织或居民团体

社区在居民自组织和外力协助下成立社区社会组织或居民团体，如业主委员会、青少年协会、环境保护协会、志愿者协会、老年人协会、书法协会、围棋协会、舞蹈协会、健身协会、社区学校、社区卫生服务中心、社区就业服务中心等，这些社区社会组织所提供的服务内容涉及了社区服务的各个层面，涵盖了居民生活的方面，尽管服务供给的规模很小，但是这些小而精细的服务却是政府制度化、规模化的公共服务供给机制所无法完全涵盖的。

图4-4　清河阳光社区联席会议

图4-5　清河社区居民参与嘉年华活动及票选社区 Logo

社区社会组织所提供的大多是公益性、志愿性的无偿服务，是居民自发自助型服务，虽无法产生一定规模的经济效益，但是却有利于社区社会资源的开发和利用，这种无偿性服务也可以有效填补市场有偿性服务所无法涉及的领域。目前这类组织的运作经费来源多为政府拨款，部分来自支持型基金会资助、企业捐赠、居民自筹等。将社区的生态环境养护、清扫保洁、文体活动、居家养老、互助救济、就业培训、社区服务中心等公共服务类项目交由社会组织进行运作，既为政府减轻了负担，缓解了压力，又鼓励了服务供给的主体多元化和方式多样化，推进了公共服务供给机制创新。

（三）党政组织和人员进社区——网格化管理

鉴于我国的性质和发展目标，党的组织体系网络实际上成为社会整合的轴心。而随着计划经济被社会主义市场经济所代替，党对社会的整合面临两大挑战：一是党整合社会的组织基础如何从单位制转向社区制？二是党整合社会的体制重心如何从领导组织层面转向基层组织层面？由此，社区党建就成为新时期党的组织建设的重心，其政治意义显而易见（林尚立，2000）。因此，虽然社区党建的推进一直遭遇诸多现实困境，但是党组织推进此一基层政权建设的决心并无动摇。一种主要工作路径就是社区网格化管理，此种管理方式是通过搭建城市管理信息平台，将辖区内的每个社区划分为不同的网格，将党员干部、居委会成员、社区工作者等配置到网格中去，力图将原来被动发现问题转变为主动发现和解决问题。按照现行的主要做法，每个网格配备网格协管员（主要是社区巡逻人员）、网格管理员（主要是社区负责人员）和网格长（社区负责人或者政府工作人员）。协管员主要是在网格内排查问题并且上报信息；网格管理员则负责确认信息并且做好现场的问题处理，如果问题难以解决，再上报给网格长；网格长则肩负对网格工作的检查、指导和督促工作，并且协调政府资源解决社区难题。

2015 年，在创新社区多元治理的同时，北京继续推行网格化社会管理，计划到年底基本实现北京市各区县、街道（乡镇）、社区（村）三级网格化体系建设全面覆盖；到 2016 年底，基本实现城市管理、治安、社会服务管理"三网"共存；2017 年底，基本实现全市网格化体系一体化运行。截至 2015 年 6 月底，北京市各区县都建立了网格化指挥中心，并在 302 个街道、乡镇和 6191 个社区、村建立了网格化平台，覆盖率分别达到 92.4% 和 91.7%。譬如，朝阳门街道的一个社区按自然形成的公共空间被划分为 2 至 3 个网格，网格管理员会在辖区内巡视和监督，遇到问题就通过一个可定位的 PAD 终端以拍照等方式上报给街道和区综治办，之后数据会上传到网格化社会管理信息系统。居委会主任常常兼任"格"长，网格助理员负责巡视。这样，一个 5~9 人的社区工作团队就由党支部、居委会、社区服务站、网格助理员和商务楼区社区工作站五部分构成。

四　问题与前景

由以上的信息整理可窥见，在应对单位制解体后带来的社会整合困境下的社区治理创新过程中，要重视以下问题：①目前看来"政社分离与合作"模式的实施空间有限，政府在支持社会组织进入社区服务实施过程中，社会组织获取的社会治理经费有限，而且对其评估多有行政考核性质，使得多数承担购买服务项目的社会组织疲于应付各类检查和项目申报；②尽管已对基层社区组织——"居委会"的职责有所调整，但是社区居委会承担过多行政事务的现状仍未得到根本性改变，居委会仍然处于受行政组织支配的地位，而且居委会的划分没有办法覆盖现代意义上的社区范围，彼此之间缺乏协调和合作，缺乏一种机制和组织参与整个区域的功能完善和发展问题，结果则是居民对社区的许多更高层次的社会需求得不到很好的满足；③由上述的多个案例可以看出，社会组织社区治理改革创新的主导权仍掌握在政府手中，但并没有形成中央层面的统一政策，因此各地仍在"试验型"的改革中探索，这样使得社区中充满社会活力，但也容易造成因为官员变更、不可控事件的冲击导致社区治理改革的中止；④防止将社区视为单位的替代这一误区，如将社区治理看作弥补单位衰落而产生的社会失控，并将社区作为单位式的重组和再造，如辅以网格化管理等方法，把每个人牢牢地控制起来，这将会背离社区的实质。

　　社区是政府与社会互构互动最为频繁的领域，要趋向社区治理的理想，必须形成一个有效的治理结构。首先应着力让基层政府从直接承担社会事务的琐事中解放出来，从直接干预的微观场域撤出，从影响社区治理的关键变量转化为支持性的环境变量，为社区治理提供经费支持和政策导向；把社会力量从繁重的行政事务中解放出来，行政组织内部要有直接面向社区的勇气，通过整合职能和资源，为社会发展腾出必要空间，只有这样政府与社会合作才有运行空间和成功可能。同时也应让实质性推动多面向的支持型社会组织进入社区，赋权社会组织参与公共事务、承担公共服务项目，采取政府向社区社会组织购买公共服务的方式。另外，通过借鉴台湾地区的社区总体营造，我们认为需要建立一个社区内自生型社区组织的多元共治孵化平台机制，此平台主要工作在于辅助社区居民组成合作社、社区协会，由地方政府官员、基层官员、社区居民代表、专业社会组织代表以及专家团队等多种力量结合而成，主要任务是汇集各界资源并为社区治理工作的推进做出决策、培育社区自组织持续发展、培育志愿者参与本社区工作。

大陆的城市社区治理还是一项尚在探索中的社会改革，自上而下的运行逻辑特征明显。下一步社区改革的重点，应当是赋权社区组织，改善治理逻辑，打通自下而上的参与通路，寻找政府与社会直接衔接、启动个体社会参与的多元治理机制。

参考文献：

吴珊（2015），《北京社会治理变身》，《财经杂志》12（21）。

吴晓林（2015），《中国的城市社区更趋向治理了吗——一个结构 - 过程的分析框架》，《华中科技大学学报》（社会科学版）6。

李丁赞（2014），《社区营造与市民社会》，《落地生根：台湾社区营造的理论与实践》，唐山：唐山出版社。

李亚雄（2003），《第三部门的发展与我国城市社区建设》，《华中师范大学学报》3。

李健、唐娟（2014），《政府参与公益创投：模式、机制与政策》，《公共管理与政策评论》3。

沈原（2008），《又一个三十年？——转型社会学视野下的社会建设》，《社会》3。

肖林（2013），《国家渗透能力建设：社区治理挑战下的国家应对策略》，《哈尔滨工业大学学报》（社会科学版）6。

林尚立（2000），《合理的定位：社区党建中的理论问题》，《探索与争鸣》11。

夏学銮（2002），《中国社区建设的理论架构探讨》，《社会学研究》1。

陈振明、吕志奎、胡薇薇（2005），《西方政府社会管理的理论与实践评析（政府社会管理课题的研究报告）之二、之四》，《东南学术》4。

黄丽玲（1995），《新国家建构中社区角色的转变——社区共同体的论述分析》，未出版之硕士论文，台北：台湾大学建筑与城乡研究所。

杨敏（2007），《作为国家治理单元的社区——对城市社区建设运动过程中居民社区参与和社区认知的个案研究》，《社会学研究》4。

杨淑琴、王柳丽（2010），《国家权力的介入与社区概念嬗变：对中国城市社区建设实践的理论反思》，《学术界》6。

雷洁琼、王思斌等（2001），《转型中的城市基层社区组织：北京市基层社区组织与社区发展研究》，北京：北京大学出版社。

潘小娟（2004），《中国基层社会重构：社区治理研究》，北京：中国法制出版社。

郑中玉（2011），《社区多元化与社区整合问题：后单位制阶段的社区建设——兼以一个社区网的实践为例》，《兰州学刊》11。

郑杭生、黄家亮（2012），《当前我国社会管理和社区治理的新趋势》,《甘肃社会
　　科学》6。

余冰（2015），《政策意涵与价值导向：中国城市社区政策 30 年》1。

岳经纶（2010），《中国社会政策的发展与挑战》,《探索与争鸣》10。

魏姝（2008），《中国城市社区治理结构类型化研究》,《政治学研究》4。

参考网站：

中彩网，http://www.zhcw.com/gongyi/

文明朝阳网，http://www.bjcywm.gov.cn

北京市朝阳区近邻社区服务中心，http://www.jinlin.org.cn/index.asp

社区参与行动服务中心网站，http://www.ssca.org.cn

恩派公益组织发展中心，http://www.npi.org.cn/index.aspx

社区营造与韧性社会之联结

李永展

美国密西根大学环境规划博士、美国密西根大学都市设计硕士、台湾大学土木工程硕士、台湾成功大学都市计划学士。现任台湾经济研究院研究员。曾任台湾社区营造学会第八届、第九届理事长，桃园县政府城乡发展局长，桃园市副市长，台湾政治大学地政系教授，台湾环境信息协会理事长等。专长于城乡规划、都市设计、永续发展、社区营造、环境心理学。著有《环境态度与环保行为》《三生有幸》《永续发展——大地反扑的省思》《永续发展策略》《永续城乡及生态社区》等，参与写作《落地生根：台湾社区营造的理论与实践》。

文章导读

联合国"政府间气候变迁委员会"（IPCC）"第五次评估报告"指

出，自 1950 年以来，就气候系统、海洋、海平面及碳排放等各层面的观察，皆可发现数千年来史无前例的变化，若温室气体的排放率不变甚至更高，未来全球气候的变化可能会更严峻，因此韧性社会（resilient society）的建构是刻不容缓的。韧性社会的建构可以从跨域治理的角度切入，也可以由社区营造的面向着手，如何串联这两个做法，具体建构韧性社会是台湾地区迈向永续未来的不二法门。本文首先从全球化下浮现的城际大战现象，说明空间领域治理的重要性。然后将社区营造定义为"对地方的重新强调"，并分别从都市型及非都市型社区提出社区营造之定位与想象。最后，为因应全球化及全球暖化，本文从脆弱度及恢复力的角度，探讨如何建构韧性社会，提出社区营造与韧性社会联结之可能。

一 前言

自工业革命以来，人类大量消耗化石燃料与森林资源，导致大气中温室气体浓度快速增加，严重干扰了地球自然系统的温室气体循环机制，因而造成全球变暖问题。联合国"政府间气候变迁委员会"（Intergovernmental Panel on Climate Change, IPCC）"第五次评估报告"（Assessment Report 5，AR5）指出，自 1950 年以来，全球海陆表面平均温度呈现线性上升趋势，每 30 年皆比前 10 年更加温暖，就气候系统、海洋、海平面及碳排放等各层面的观察，皆可发现数千年来史无前例的变化（IPCC，2013）。相关研究也指出，20 世纪末叶以来，城市地区的温度比乡村地区的温度更戏剧性地提高（Harlan & Ruddell，2011），而同一时期的气候则持续改变（Gelca et al.，2014; Michelutti et al.，2015）。若温室气体的排放率不变甚至更高，未来全球气候变暖可能会更加严重，因此实质且持续地限制温室气体的排放对于调适气候是刻不容缓的（IPCC，2013）。

另外，2014年中国台湾地区都市计划区人口18705957人，占全台总人口23433753人的79.82%，且集中在六个"直辖市"（台北市、新北市、桃园市、台中市、台南市、高雄市，简称"六都"）范围（新北市甚至高达93.83%），"六都"的总人口已超过1611万人（比2013年约增加6万人）[①]，人口过度集中在主要都市，将对都市的住宅、交通、卫生、医疗、教育及公园等体系造成更严重的挑战。如果这些城市的区域计划、城乡发展及社区营造无视生态社区、智慧建筑、绿色经济、低碳能源及清洁技术的应用，重复"成长挂帅"及"一切照旧"的模式，无疑将加重城乡的"高碳锁定"效应，阻碍未来永续发展的可能。因此，需要有不同面向的新思维及新手法——"韧性社会"（resilient society）与社区营造的联结便是因应全球化及全球变暖"双重暴露"（double exposure）（Leichenko & O'Brien，2008）甚至"多重暴露"（multiple exposures）（Bennett et al.，2014）挑战的可能方向。

韧性社会可以从跨域治理的角度切入，也可以由社区营造的面

---

① 都市计划区人口数来自 http://sowf.moi.gov.tw/stat/year/list.htm，人口资料来自全球资讯网（http://www.ris.gov.tw/zh_TW/346），上网日期：2015/10/4。

向着手，如何串联这两个做法，具体建构具恢复力（resilience）的韧性社会是台湾地区迈向永续未来的不二法门。本文首先从全球化下的跨域治理，探讨市场机制下浮现的城乡失衡现象，并说明城市区域治理的重要性；然后将社区营造定义为"对地方的重新强调"，指出社区营造已打破地理空间的界限，不只着重"地缘社区"的营造，也关心"议题社群"及"虚拟社区"的营造，并分别从都市型及非都市型社区提出社区营造之定位与想象；最后，为因应全球化及全球变暖"双重暴露"甚至"多重暴露"的严峻挑战，本文从脆弱度（vulnerability）（暴露度、敏感性及调适能力之函数）及恢复力（将损失转为机会的能力）的角度，探讨如何将脆弱度转化为恢复力来建构韧性社会，最后一部分提出社区营造与韧性社会联结之可能。

二 城际大战 vs. 空间领域的治理

从土地规划与城乡发展的角度来看，有两个必须关注的议题：全球化及全球变暖。面对此两大议题，本文提出"跨域治理"的重要性，也就是要反思：什么样的土地规划及城乡发展模式，可以帮助我们建构永续家园？引述 Maurice Strong 的话语："确保地球维持宜人且永续家园的战役将会在主要都市地区成功或失败"（Girardet，2004），因此，如果能在 80% 以上人口居住于都市地区的台湾地区妥善处理城市发展问题，或许便有机会使城与乡共同实现永续家园的愿景；反之，势必引发城际大战。

　　台湾地区现阶段显然已出现城际大战，首先，为了迎合全球化的挑战，不得不屈服于市场竞争的机制，从而使得城跟乡的发展失衡更加严重；其次是非都市地景被鲸吞蚕食地破坏，尤其在城跟乡分治时，都市土地与非都市土地之间的失衡现象更加恶化。要避免城际大战必须打破传统的蓝图式规划，也就是不能只局限于"六都"十六县僵硬的地理空间界限；易言之，"跨域治理"的策略必须妥善应用在西部走廊的三个城市区域、花东的东部区域及离岛的金门、马祖、澎湖。就此而言，空间领域的治理（territorial governance）必须从此开展，进行地理空间（如市、县、都会区、区域等）的正式与非正式治理过程（李永展，2014a）。

　　空间领域的治理应该是网状结构，而非树状结构，举例而言，树状结构就是把土地使用分为都市土地与非都市土地，然后都市土地又分为住、工、商，而非都市土地又分成十种分区、十八种用地，把这种分类方式倒过来看，就是树状结构的模式。但城乡空间发展不应该是树状结构，而应该是网状结构，亦即一个正式跟非正式的管道，而且要强调弹性多元的过程。这种情况就是要打破台湾当局与地方政府各自为政的窘困，共同合作解决城市区域的各项都市与社会问题，并在全球经济竞争中让地方的活力取得必需的制度性支持与调控能力（夏铸九、成露茜，1999）。

　　由此衍生的问题是，"六都"的发展跟三大城市区域及东部区域之间，到底是怎样的关系？台湾地区的土地、土地使用及行政组织层级，三者的出发点及关注重点不一样。土地是从空间的结构出发，例如是要城市区域的联结，还是要一个特殊的永续发展地区？至于土地使用分为住、工、商，这是从利用的角度出发的；而行政管理的"六都"，跟城市区域间的关系又是如何，也应该清楚说明。所以治理或城市区域应该要有一些非传统的、非行政的、非官僚的运作方式。

"治理"之所以必要，最主要是因为具有不同的规模、不同的所得，因此往往会有不同的角度或视野，所以核心城市跟郊区之间，其实有一些是地方性的，有一些也更具复杂性。未来城市区域的治理策略，可能是沟通、学习、合作及创新，同时也必须具备功能分工或制度化。城市区域治理有三个主要特征，一是属于多层级的空间运作；二是重视治理中的政治及行政过程；三是要强调创新（李永展，2014b）。创新能力可以改变竞争力的基本规则，而创新能力以及将创新成功引入市场是决定国家/地区在全球竞争力的关键因子；易言之，要具有永续的竞争优势便必须要更创新且更具创造力（Sohel-Uz-Zaman & Anjalin, 2011），此外，文化及自然的舒适以及技术发展有助于创意区域的形成（Machado et al., 2013）。因此，在全球竞争的时代中，通过都市治理寻求新的创意方式，以此来建构优势可及性与资源利用，对于在地及邻里层级特别重要，便于界定及利用在地知识、建立在地制度能力并且发展社会资本（Kearns & Paddison, 2000）。

根据对这些论述的归纳，城市区域治理在内涵上与都市管理相比较更广泛，在城市角色上并非将单一城市作为发展区位，而是都市网络的领域性整合；在过程上则更加要求在执行与决策中多边的参与、赋权、结盟、合作、协调及创新；在地理层级上并非僵固在台湾当局的指导，而要求与城市区域、地方社群进行主动的跨界联结。从这些层面与传统的都市管理相比较，城市区域治理更符合当前的都市发展态势，在议题及空间策略的想象力上也更加深了可资讨论的多样性（李永展，2014b）。

三 对地方重新强调的社区营造

（一）打破地理空间的社区营造

从跨域治理的角度来看，当下的社区营造已经愈来愈强调网络（networking）的概念。社区营造逐渐打破了只局限于传统地理空间（地缘社区）的营造，转型到议题社群（例如各种议题的民间组织）营造，甚至联结成为虚拟社区（例如抢救阿塱壹古道的网络串联）营造，因为透过因特网的社群力量，社区营造已经打破了传统地理空间的界限，成为网络的领域性之整合；质言之，"社造"应同时包含"社区营造"及"社群营造"。

前面提及的空间领域治理，是从"都"（"直辖市"）跟非都（县市）的角度出发的。如果从社区的角度，又应如何落实跨域的"社造"（社区营造及社群营造）呢？社造是对"土地"及"关系"的重新观照，第一步通常是先进行地方记忆的书写，然后设法建构在历史记忆下诱发的集体行动，进而试图描绘社区自我的形貌；质言之，社造就是"对地方的重新强调"（李永展，2014a），地方不仅是空间的描述，更是社会建构的过程；不仅是空间的沉淀，更是人类存在的方式；质言之，地方是内在的，是日常生活的实践；一个有意义的地方，不是旁观者从外面观看的地景，而是蕴藏在每一个具体生活中的实践。就此而言，社区是观看、认识和理解世界方式的地方（李永展，2012）。

诚如 Thomas Jefferson（1743~1826）所言："社会最终权力的保管场所，除交付给群众外，并无更适当方法，若认为群众未具行使这种权力的判断力，补救方法是要教他们有效地行使判断力"，这便是社区营造在具体响应市民社会时应有的核心理念。

（二）社区营造的定位与想象

社区的英文翻译是"community"，前缀"com"的意思就是共同（together），那我们要追问的是：社区共同体到底是真正存在于真实世界之中，还是只是虚拟的想象？社区营造这个板块刚好很吊诡地顺利衔接台湾地区各种社会运动，从早期的环保运动、反核运动、劳工运动及无壳蜗牛运动等，社区营造逐渐成为取代这些社会运动转型的实践基地。

不过，无论如何，社区营造概念的出现，让台湾地区整个社会卷入各种可能，包括互动、参与、沟通、协调、赋权及自主等，但是仔细检视的话，社区营造是否等同于村里的行政界限？倘若如此，社区营造的真实意涵便在于实践共同体的理念，而其定位与想象可分为都市型社区营造与非都市型社区营造来探讨。

1. 都市型社区营造

都市型社区相对来说内部资源较丰富、外部资源及支持较多、较容易进行跨域的串联，而其特质则是属于高度流通的社会结构。以典型的都市居民而言，她／他待在工作场所或休憩场所的时间往往远多于待在社区／居住场所的时间。另外，都市社区容易形成"门禁社区"（gated community）（Wilson-Doenges，2000；Low，2001），就是社区出入口有严格管制的规定，门禁社区的内部设备及管理维护都具备了现代都会生活的水平，但对于社区外部空间及环境往往是不友善且漠不关心的，塑造了典型的"双元城市"（dual city）（Castells，1999）现象。

但是由于社会愈来愈强调网络联结，都市社区逐渐成为不受传统地理空间限制的"社群"，而形成了一个"借由关系连接的动态体系"，而"需求"与"匮乏"都是关系的面向，既有的都市机能固然满足了大部分的需求关系，但是对于匮乏方面的应对却是远远不足的。例如政府机构辟建马路以满足交通成长需求的同时，也不断扩张造成土地与环境的匮乏；邻里安装监视器以提供治安防护的同时，更进一步强化人与人之间互助与互信关系的匮乏（李永展，2012）。因此，社区营造应该转化这种匮乏的关系，通过找到解决的路径与方法来进行缝补。

综言之，过去十几年来社区规划或社区营造的焦点都以人为本，着眼于满足人的需求，而无视人与其他关系的匮乏，使得社区营造与社区规划愈来愈缺乏进步性与改革的能量。因此，社区营造的意义与价值便在于对匮乏的弥补甚至转化，社区规划的角色任务则是对匮乏的提醒，并提供解决的路径。换言之，社区营造欲促使社区居民思考的，不只是如何传达意见与需求给决策者，而是以积极行动面对匮乏；而社区规划者所应具备的专业，也非满足社区民众的需求，而在于为匮乏关系进行缝补，进而引导一个理想关系的实现（李永展，2012）。

到目前为止，虽然都市居民的社区感与人际结合相对薄弱、都市型社区营造的成功案例也较少，甚至都市中较缺乏人与土地、人与环境、人与地方的结合，但由于都市的聚集效应、科技进步及产业兴盛，而凝聚了不同的资源及潜力。因此，只要能从适切的都市生活文化及都市议题切入，辅以公部门、私部门、专业者及民间团体的支持，透过不断的尝试积累经验及案例，可望使都市的能量彼此协调、接轨、整合，激发出完全不同于过去都市型社区营造经验的丰富面貌。

基于多年来实地参与都市型社区营造的经验，本文归纳出都市型社区营造的想象如下：①社区居民除注重个人及家庭生活外，也愿意关心社群生活；②社区居民愿意互助、合作，彼此见学、支持；③社区居民愿意共同关注社区公共空间与公共环境的议题；④社区愿意充分掌握都市丰富的资源，并与企业组织合作；⑤社区居民应更有创意及创新的思维及做法；⑥社区居民愿意关注社福医疗议题，并倡议社区在地老化、社区照顾及社区就养；⑦社区应具有减灾、防灾、救灾的意识、计划及行动力；⑧地缘社区与议题社群应跨域合作，共同解决跨域的公共议题。

2. 非都市型社区营造

非都市型社区的生活方式和价值观所构建的文化模式往往具有不同特色，因此，在面对都市化做出响应的同时，经由文化模式回馈给地域空间便会形成"地域性效果"（locality effect）（李永展，2006）。就此而言，在城乡规划及社区发展上，应充分利用地域性特色的"在地发展"，而不必强求与都市型社区在经济上"同步发展"。由于非都市型社区营造缺乏吸引各种资本的能力，所以，不一定要强调传统及大型计划的经济发展，而是应该利用特色，引导其发展成为"生态社区"或"永续社区"，或作为生态隔离区或低密度居住区。而产业发展应只是社区营造的一种手段而非目的，对传统建筑及老旧聚落的保存维护更是如此。欧美日等国倾全力保存的做法值得学习，传统建筑及老旧聚落如何与现代生活结合，或许是非都市型社区永续发展的关键之一。

从非都市型社区既有的条件来思考，其社区产业必然不可能是一次性的物质性消费

图 5-1 台北市奇岩社区办理"建构生态廊道"之民众说明会

图 5-2 台北市社区营造中心办理"市民社会"讨论会

图5-3　宜兰县苏澳镇无尾港（社区）解说中心，
目前为环境教育设施场所

图5-4　财团法人新港文教基金会为推广自然农法及
友善耕作，成立"1/2自然农场"

方式，也不可能是"无互动性"（non-interaction）或"都市匿名性"（urban anonymity）的接触（Gottdiener，2001: 34-5）。从地理交通、环境承载、社会承载、区位特性等方面来看，非都市型社区难以产生聚集经济，也不可能吸引短暂而大量的商品性消费人口，社区产业也不会是纯粹物质性的生产，而应是一种与环境及生活密切相关的文化内容。我们需要旺盛永续的生活底蕴来支持产业的厚度，而这正是社区营造与社区产业之所以相互支持的理由，也是非都市型社区潜力之所在（李永展，2012）。

因此，在思考社区产业的课题前，社区营造回应的应是居民与土地关系的调整，是在褪去许多外在的限制、规范乃至于被决定的身份后，居民如何和土地发生联系，如何从日常生活的实践中，找到属于非都市型社区的生活风格与人文特质，建立自己的文化自信，而这些才是非都市型社区得以成为"地方"，进而迈向永续的基础（李永展，2009）。唯有如此，非都市型社区的前景才能不是寄望在那些不知名的、陌生的、假想的消费者上，也才不会造成"想象的空间关系取代了地理上实质的空间关系"（Shields，1989: 153）；而是召唤那些对这一地方保有尊重、善意与热情的访客，不断扩大与回流，共同在这个地方书写新的记忆。

从空间规划及社区营造的角度来看，"对地方的重新强调"可避免都市极化的磁吸现象，从而可避免中小型城镇消失在台湾地区的地图上。Calvino（1993）在《看不见的城市》中提及："对那些经过却没有进入的人而言，这座城市是一个样子；对那些深陷其中，不再离开的人，则是另一个样子。"透过永续的土地规划、跨域的区域治理及对社区营造的强调，让每个地方都能塑造出自己的特色及风貌，让每个地方都有值得让人深陷其中不愿离开的地方，这些地方才能有各自不同的名字，才有各自不同的样态（李永展，2014a）。

四 迈向韧性社会——从脆弱度到恢复力

面对诡谲多变的气候变迁现象，各界已深切感受到全球气候变迁对地方微气候的影响愈见深重。气候变迁及自然灾害的发生并非独立于人类社会，更不能仅仅被视为自然界的物理性变化（de Oliverira-Mendes，2009; Cutter et al.，2003），若从减少灾害发生的角度出发，以永续发展评估当前人类社会对于自然环境的作为是否恰当，不仅具有时代性的意义，更应被视为未来政府部门、企业组织或社区、家户、个人及民间团体等，在不同尺度上进行调适行为的参考依据。

对脆弱度及恢复力的评估，即可让人们更了解人们所居住环境在面对自然灾害时的承受力与灾后重建的反应力，将其作为"永续调适"（sustainable adaptation）能力的参考依据。对脆弱度和恢复力议题的理解，是当代城市规划者和管理者的一项关键要求（Khailania 2013; Jha et al., 2013; Lawrence & Thomas, 2005; Lee, 2015）。脆弱度研究可以帮助我们了解人民和地方置于何种程度的风险中，以及人民和地方因应环境威胁的能力（Vogel et al., 2007），并有助于提出合宜的调适治理策略。

（一）脆弱度：暴露度、敏感性及调适能力之函数

脆弱度是一个高度复杂的现象，而且会影响潜在的伤害（Aretano et al., 2015）。关于脆弱度的定义虽不尽相同，但大致可分为生物物理（biophysical）脆弱度（例如，气候条件、自然灾难、地形地貌等脆弱度）及社会经济（socio-economic）脆弱度（例如，人口、性别、就业、贸易、治理等脆弱度）（Aretano et al., 2015; Lee, 2014; Sajjad & Jain, 2014）。前者指的是因特定气候或灾害事件对一个系统所产生灾害的程度，后者则指一个系统在遇到灾害前就存在的状态，也就是探讨社会系统受灾害影响程度的结构性因素（李婷洁、李永展，2012）。气候变迁及其他风险的冲击会影响脆弱度不均衡地分布，也具有社会差异性（Jabareen, 2013; Davies et al., 2008; IPCC, 2007b）。

Pelling（2003）认为天然灾害的脆弱度由三个部分组成：暴露、抵抗力（resistance）及恢复力。Vogel 等（2007）也指出脆弱度包含

风险结构（暴露度）、危险、恢复
力、不同的敏感度及恢复／减缓。
而如果为了更全面且整合地解读
脆弱度，则可将其概念化为三个元
素交互影响的函数：暴露、敏感
性及调适能力（Aretano et al., 2015;
Bennett et al., 2014; CCC, 2010;
Marshall et al., 2010; Turner et al.,
2003）。此外，脆弱度为一个跨时
间、空间与尺度的动态过程，若无
人打断其发生，脆弱度将持续发展
而不间断（Khan, 2012）。

图 5-5　云林县口湖乡成龙村面临地层下陷的问题，地下水
过度利用造成住屋比路面低

（二）恢复力：将损失转为机会的能力[1]

恢复力的概念早期从力学领域发展而来，Holling（1973）将其引
入生态学的领域，并定义恢复力为一个系统经过短暂的扰乱回到平衡
状态的能力。Jabareen（2013）认为恢复力是一个复杂、跨领域的现象，
集中探讨单一或部分变因，在某些不精确的结论或谬误中，是否会存
在造成其影响的原因。Folke 等（2011）则主张恢复力是动态且复杂的
系统，其特征为复杂的发展路径、逐渐及快速变迁的交互影响期间、

---

①　修改自李永展（2014c）。

回馈及非线性动态、发展路径的转换，以及这些动态关系如何在时间及空间尺度上交互影响。

此外，由于气候变迁的范围广泛，其对地球环境的冲击也包括人类社会快速全球化与互相依赖的交互作用所产生的结果，为了减少潜在威胁的风险和冲击，提升居民的居住安全与福祉，城市及社区必须更具有恢复力才能正面准备应对措施（Folke et al., 2011）。而具有恢复力的城市在遭遇灾难事件后较能快速恢复基本服务及社会、制度与经济活动（Hardoy & Satterthwaite, 2009; Healey, 2007; Healey & Upton, 2010; Jabareen, 2013; UNISDR, 2010），对环境变迁也较有调适的反应能力；易言之，恢复力同时也是环境系统在经历扰乱及维持运作中，整体容受力的表现（Gunderson & Holling, 2001）。

另外，脆弱度是一种动态的概念，时间尺度的差异将导致不同的致灾过程，而且还必须将空间尺度纳入考虑范畴（Menoni et al., 2012），一旦将时间拉长，可发现不管受灾时间多长，恢复力将是危机转换为转机的环境自我调适能力。

（三）脆弱度与恢复力之关系[①]

当代脆弱度研究的演变，已经从单纯评估地方社会脆弱度以企图彰显人类面对灾害时的能动性（agency），逐渐转变为对被生产的脆弱度知识和决策间关系的关注，前者被归纳为知识生产，而后者则可被

---

① 修改自李永展（2014c）。

归纳为知识应用的过程。脆弱度研究之所以会有这种焦点的移转，主要是因为专家学者察觉到近来大量累积的脆弱度研究成果并没有如期地让各种减缓策略与措施发挥作用（Cutter et al., 2008; Turner et al., 2003）；换句话说，当前脆弱度知识生产与应用之间所出现的断裂关系，阻碍了灾害风险管理（disaster risk management）机制的运作，这个现象若置于当前气候变迁的趋势下来看，可能成为影响社会难以永续发展的关键要素（Turner et al., 2003），因此，在迈向永续发展的议程中应将"减轻灾害风险"（disaster risk reduction）的因子纳进来，才能同时参照气候变迁调适的观点及内涵（Kelman et al., 2015）。

脆弱度及恢复力评估可增加环境压力及人类行为致灾的民众觉知，也能增加灾后重建的回复能力，对强化永续性而言是相当重要的（Kelman et al., 2015; Lee, 2015）。而当代都市规划及都市管理的重要前提是了解与脆弱度及韧性有关的课题，因此城市面

图5-6 高雄市桃源区勤和部落因莫拉克风灾[1]受创严重，灾后重建于乐乐段永久屋

---

[1] 莫拉克风灾，又称八八风灾，是2009年8月6日至8月10日间发生于台湾中南部及东南部的一起严重水灾，起因为台风莫拉克侵袭台湾，带来创纪录的雨势（许多地方两日的降雨量，相当于一整年的量）。是台湾自1959年八七水灾以来最严重的水患，其间台湾多处出现淹水、山崩与土石流灾害，造成南台湾受灾惨重。

对严重的气候变迁冲击时必须建构"韧性城市"（resilient city），这样才能减低气候变迁的冲击（Jha et al., 2013）。作为一个概念，韧性"可以应用在任何社区及任何类型的干扰：自然、人为或二者的混合"（Jha et al., 2013: 10），因此，韧性可以在个人、家户、社区、城镇、区域、国家甚至全球等不同尺度被参用。

五　结语：社区营造与韧性社会之联结

IPCC 于 2007 年第四次评估报告中，将韧性定义为"一个社会或生态系统在保有相同的基础结构及运作方式、自我组织的能量、调适压力及变迁的能量之同时能承受扰动的能力"（IPCC, 2007a）。面临气候变迁的严峻挑战，世界各国／地区莫不以韧性社会、韧性城市及韧性社区为标杆，企图减少气候变迁造成的影响，对于国土规划、区域计划、城乡发展及社区营造而言，如何应对脆弱度及恢复力的议题，成为极为重要的挑战。

国际上为辅助各国积极投入气候变迁减缓与调适策略的制定与落实，联合国发展署（United Nations Development Programme, UNDP）于 2004 年提出"调适政策架构"（adaptation policy framework），作为指引各国／地区在设计与执行各项降低脆弱度方案之依据，使国家／地区在面对气候变迁时能降低潜在冲击并增加正面效益。调适政策架构的特点在于整合上位政策与下位落实工作，共包含五大原则，其中一项原则特别指出"调适必须考虑社会各阶层，包括地方层级"（Burton et al., 2004），因此，社区层级的调适做法及恢复力建构也是降低脆弱度很重要的一环，社区营造便可在此扮演一个重要的角色。

在台湾地区，社区营造不是一个新兴的概念，但却是一个随着不同历史阶段与社会状况而持续更新的参与方法和过程。若我们将 1994 年提出"社区总体营造"作为分界点，于此之前，在台湾地区经济持续成长的过程中，民众对于生活质量的要求也逐渐

图 5-7 "2015 年韧性社区座谈会"之
纽约香港经验交流

觉醒，不论都市还是乡村，民间的社区行动往往在未获相关部门的大力支持下悄悄生根，甚至因反抗地方政府与资本家权力而风起云涌，显示出"由上而下"的威权时代已逐渐走入历史，而"由下而上"的市民社会时代正开始受到重视（李永展，2014c）。

当我们阶段性地总结这 20 多年来社造政策的发展时可以发现，虽然这 20 多年来的社造理念在台湾地区各地的确改变了社区发展制度、内涵及样貌，但是从人、文、地、产、景等面向的实地观察及访谈中，仍可以发现有许多问题需要检讨与厘清。回顾社造 20 多年来所遭遇的议题与瓶颈以及因应已经发生并且必然加剧的变局，我们必须综合整理出一个新思维：社区营造应透过社区力量建构"韧性社

会"；也就是在全球化及全球变暖的双重压力下，社区面临不同（且往往是严重且迫切）的挑战时，如何透过社区力量，建构具有恢复力的永续社会，从而可以在灾难、危险及反常现象发生后，快速地恢复、再生，并回到正常运作且永续的社区（李永展，2014c）。

地球上有许多重要的系统（包括企业、金融市场等），都呈现出"坚弱"（robust-yet-fragile）系统的特质，它们可以抵抗"正常"的失序状态，但一旦遇到罕见又意外的挑战，就变得很脆弱（Zolli，2012）。我们在台湾地区各地社区（都市型及非都市型）的实地观察及深入访谈，也证实了台湾地区的社区呈现了坚弱系统的特质：一方面，把"危险当风险"，认为气候变迁及全球变暖议题（危险）不见得会发生（风险）；另一方面，社区一旦面临意外的冲击（例如气爆或强降雨），便呈现出失序、焦虑，且互相推诿的现象。

都市型社区营造或非都市型社区营造当然有不同的社区议题，例如高龄少子现象恶化、社福医疗资源不足、隔代教育教养问题、产业空洞凋敝、泥石流、易淹水、环境污染等，这些议题有些是社区本身内部造成的，有些则属于更大尺度的社会经济结构问题，但社区都呈现出坚弱系统的特质，也是社区营造必须注意的面向。一般而言，如果系统愈复杂、愈集中、愈外生、愈同质，愈会扩大其脆弱性；反之，因地制宜的简单化、分散性、在地化及多样化，便可以增加恢复力。综言之，社区面对意料外的冲击时之所以能快速恢复，就在于有活力、意志力、生存力、多样化且能信任合作。因此，如果社区更具活力、意志力、生存力、多样化，以及更加信任合作，就能建构一个永续、韧性的社区，这也是社区营造在面对全球化及全球变暖双重挑战时应全力以赴的新方向。

参考文献：

Calvino, Italo（1972），《看不见的城市》，王志弘译，台北市：时报文化出版公司。

李永展（2006），《永续城乡及生态社区发展——理论与实务》，台北市：文笙书局。

李永展（2009），《营造马祖创意产业之策略》，2009 马祖年度县政论坛，2009 年 9 月 25 日，马祖：连江县政府。

李永展（2012），《永续国土·区域治理·社区营造》，台北市：詹氏书局。

李永展（2014a），《全球化下新城乡危机之因应》，《决定台湾的29堂课》，台北市：余纪忠文教基金会，第 243~254 页。

李永展（2014b），《台湾后六都时代的区域治理策略》，《海峡两岸城市发展：比较、借鉴与合作学术研讨会论文集》，2014 年 9 月 22~23 日，第 146~167 页。

李永展（2014c），《透过社区力量建构韧性社会》，《独立评论@天下》，2014 年 10 月 11 日（http://opinion.cw.com.tw/blog/profile/255/article/1964）。

李婷洁、李永展（2012），《社会脆弱度指标作为气候变迁下的永续环境规划工具：以嘉义县为例》，《2012 环境教育学术暨实务交流研讨会学术论文集》，2012 年 11 月 9~11 日，台北市：台湾师范大学。

Zolli, Andrew, Ann Marie Healy, *Resilience: Why Things Bounce Back*，李振昌译（2012），《恢复力》，台北：商周出版社。

夏铸九、成露茜（1999），《历史之债？台湾的领域治理与跨领域之社会》，《城市与设计学报》7（8），第57~91页。

Aretano, R., Semeraro, T., Petrosillo, I., De Marco, A., Pasimeni, M.R., Zurlini, G. (2015). "Mapping Ecological Vulnerability to Fire for Effective Conservation Management of Natural Protected Areas," *Ecological Modelling*, 295:163–175.

Bennett, N.J., Dearden, P. & Peredo, A.M. (2014). "Vulnerability to Multiple Stressors in Coastal Communities: A Study of the Andaman Coast of Thailand," *Climate and Development*, DOI:10.1080/17565529.2014.886993.

Burton, I., Malone, E., Huq, S. (2004). *Adaptation Policy Frameworks for Climate Change: Developing Strategies, Policies and Measures*. United Nations Development Programme, Cambridge, UK: Cambridge University Press (http://www.undp.org/gef/adaptation/climate_change/APF.htm).

Castells, M. (1999). "The Informational City is a Dual City: Can it be Reversed?" in Donald A. Schön , Bishwapriya Sanyal, and W. J. Mitchell (eds.), *High Technology and Low−Income Communities: Prospects for the Positive Use of Information Technology*. Cambridge, MA: MIT Press.

Committee on Climate Change (CCC) (2010). Building a Low−carbon Economy the UK's Innovation Challenge (http://www.theccc.org.uk) (Retrieved: 2012/12/31).

Cutter, S.L. (2006). *Hazards, Vulnerability and Environmental Justice*. London, Sterling, VA.: Earthscan Publication.

Cutter, S.L., Boruff, B.J., Shirley, W.L. (2003). "Social Vulnerability to Environmental Hazards," *Social Science Quarterly*, 84: 242–261.

Cutter, S.L., Barnes, L., Berry, M., Burton, C., Evans, E., Tate, E. Webb, J. (2008). "A Place-based Model for Understanding Community Resilience to Natural Disasters," *Global Environmental Change*, 18:598–606.

Davies, M., Guenther, B., Leavy, J., Mitchell, T., Tanner, T. (2008). "Climate Change Adaptation, Disaster Risk Reduction and Social Protection: Complementary Roles in Agriculture and Rural Growth? Institute of Development Studies Centre for Social Protection and Climate Change and Disasters Group," IDS: Institute of Developing Studies.

de Oliverira-Mendes, J.M. (2009). "Social Vulnerability Indexes as Planning Yools: Beyond the Preparedness Paradigm," *Journal of Risk Research*, 12 (1): 43–58.

Folke, C., Jansson,Å., Rockström, J., Olsson, P., Carpenter, S. R., Chapin, F.S., Crépin, A.S., et al. (2011). "Reconnecting to the Biosphere," *AMBIO: A Journal of the Human Environment*, 40(7):719–738.

Gelca R., Hayhoe K., Scott–Fleming I. (2014). "Observed Trends in Air Temperature, Precipitation, and Water Quality for Texas Reservoirs: 1960–2010," *Texas Water Journal*, 5:36–54.

Girardet, H. (2004). *Cities People Planet: Liveable Cities for a Sustainable World*. Chichester, England: Wiley Academy.

Gottdiener, M. (2001). *Life in the Air: Surviving the New Culture of Air Travel*. Lanham: Rowman and Littlefield.

Gunderson, L., Holling, C.S. (eds.) (2001). *Panarchy: Understanding Transformations in Human and Natural Systems*. Washington, DC: Island Press.

Hardoy, J., Satterthwaite, D. (2009). *Urban Development and Intensive and Extensive Risk, Background Paper for the ISDR Global Assessment Report on Disaster Risk Reduction 2009*. London: International Institute for Environment and Development (IIED).

Harlan S.L., Ruddell D.M. (2011). "Climate Change and Health in Cities: Impacts of Heat and Air Pollution and Potential Co-benefits from Mitigation and Adaptation," *Current Opinion in Environmental Sustainability,* 3:126–134.

Healey, P. (2007). *Urban Complexity and Spatial Strategies: Towards a Relational Planning for our Times*. New York: Routledge.

Healey, P., Upton, R. (eds.) (2010). *Crossing Borders International Exchange and Planning Practices*. Oxon: Routledge.

Holling, C.S. (1973). "Resilience and Stability of Ecological Systems," *Annual Review of Ecology and Systematics,* 4: 1–23.

IPCC (2007a). Climate Change 2007: The Physical Science Basis. Contribution of Working Group I to the Fourth Assessment Report of the Intergovernmental Panel on Climate Change. Solomon, S., D. Qin, M. Manning, Z. Chen, M. Marquis, K.B. Averyt, M. Tignor & H.L. Miller (eds.) Cambridge, UK and New York, NY, US: Cambridge University Press.

IPCC (2007b). Summary for Policymakers. Climate Change 2007: Impacts, Adaptation and Vulnerability, Contribution of Working Group II to the Fourth Assessment Report of the Intergovernmental Panel on Climate Change. M. L. Parry et al. (eds.). Cambridge, UK and New York, NY, US: Cambridge University Press.

IPCC (2013). *Climate Change 2013. The Physical Science Basis: Working Group I Contribution to the Fifth Assessment Repot of the Intergovernmental Panel on Climate*. Stocker, T. F., Qin, D., Plattner, G. K., Tignor, M.M.B., Allen, S.K., Boschung, J., Nauels, A., Xia, Y., Bex, V. and Midgley, P.M. (eds.). Cambridge: Cambridge University Press.

Jabareen, Y. (2013). "Planning the Resilient City: Concepts and Strategies for Coping with Climate Change and Environmental Risk," *Cities*, 31: 220–229.

Jha, A.K., Miner, T.W., Stanton-Geddes, Z. (eds.) (2013). *Building Urban Resilience: Principles, Tools, and Practice. Directions in Development*. Washington, DC: World Bank (doi:10.1596/978-0-8213-8865-5).

Kearns, A., Paddison, R. (2000). "New Challenges for Urban Governance," *Urban Studies*, 37 (5–6): 845–850.

Kelman, I., Gaillard, J.C., Mercer, J. (2015). "Climate Change's Role in Disaster Risk Reduction's Future: Beyond Vulnerability and Resilience," *International Journal of Disaster Risk Science*, 6:21–27.

Khailania, D.K., Pererab, R. (2013). "Mainstreaming Disaster Resilience Attributes in Local Development Plans for the Adaptation to Climate Change Induced Flooding: A Study Based on the Local Plan of Shah Alam City," *Land Use Policy*, 30 (2013): 615– 627.

Khan, S. (2012). "Vulnerability Assessments and their Planning Implications: A Case Study of the Hutt Valley," *Natural Hazards*, 64: 1587–1607.

Lawrence, J.V., Thomas, J.C. (2005). *The Resilient City – How Modern Cities Recover from Disaster*. Oxford University Press, New York.

Lee, Y.-J. (2015). Building Resilient Cities through Community Empowerment: Principles and Strategies for Taiwan Island. The 2015 International Conference on Spatial Planning and Sustainable Development (SPSD 2015). August 7–8, 2015, Taipei, Taiwan.

Lee, Y.-J. (2014). "Social Vulnerability Indicators as a Sustainable Planning Tool," *Environmental Impact Assessment Review,* 44: 31–42.

Leichenko, R., O' Brien, K. (2008). *Environmental Change and Globalization: Double Exposures*. Oxford: Oxford University Press.

Low, S.M. (2001). "The Edge and the Center: Gated Communities and the Discourse of Urban Fear," *American Anthropologist,* 103(1): 45–58.

Machado, A.F., Simões, R.F., Diniz, S.C. (2013). "Urban Amenities and the Development of Creative Clusters: The Case of Brazil," *Current Urban Studies,* 1 (4): 92–101.

Marshall, N.A., Marshall, P.A., Tamelander, J., Obura, D., Malleret-King, D., Cinner, J.E. (2010). *A Framework for Social Adaptation to Climate Change: Sustaining Tropical Coastal Communities and Industries*. Gland: IUCN.

Menoni, S., Molinari, D., Parker, D., Ballio, F., Tapsell, S. (2012). "Assessing Multifaceted Vulnerability and Resilience in Order to Design Risk Mitigation Strategies," *Natural Hazards,* 64: 2057–2082.

Michelutti, N., Wolfe, A.P., Cooke, C.A., Hobbs, W.O., Vuille, M., Smol, J.P. (2015) Climate Change Forces New Ecological States in Tropical Andean Lakes, PLoS ONE. 10(2): e0115338. doi:10.1371/journal.pone.0115338.

Pelling, M. (2003). *The Vulnerability of Cities: Natural Disasters and Social Resilience*. London: Earthscan.

Sajjad, H., Jain, P. (2014). "Assessment of Socio-Economic Vulnerabilities among Urban Migrants in South-East Delhi," *Journal of Studies in Social Sciences*, 7(1): 65–81.

Shields, R. (1989). "Social Spatialization and the Built Environment: The West Edmonton Mall," *Environment and Planning D: Society and Space*, 7(2): 147–164.

Sohel-Uz-Zaman, A., Anjalin, U. (2011). "Evolution of Service: Importance, Competitiveness and Sustainability in the New Circumstances," *Journal of Service Science and Management*, 4(3): 253–260.

The Royal Society (2014). "Resilience to Extreme Weather," *The Royal Society Science Policy Centre Report 02/14*. London: The Royal Society.

Turner I.I. B.L., Kasperson R.E., Matson P.A., McCarthy J.J., Corell R.W., Christensen L., et al. (2003). "A Framework for Vulnerability Analysis in Sustainability Science," PNAS, 100: 8074–9.

UNISDR (International Strategy for Disaster Reduction) (2010). *Making Cities Resilient: My City is Getting Ready, 2010–2011*. World Disaster Reduction Campaign.

Vogel, C.E., Moser, S.C., Kasperson, R.E., Dabelko, G.D. (2007). "Linking Vulnerability, Adaptation and Resilience Science to Practice: Pathways, Players and Partnerships," *Global Environment Change*, 17(3–4): 349–364.

Wilson-Doenges, G. (2000). "An Exploration of Sense of Community and Fear of Crime in Gated Communities," *Environment and Behavior*, 32 (5): 597–611.

理论实践篇

一个城市再造的实践之路：台北市社区营造的推动策略与发展愿景

林崇杰

日本东京大学工学博士、中原大学建筑研究所硕士，建筑师、都市计划技师。现任台北市政府产业发展局局长、台北市产业发展奖励及补助审议委员会主任委员、财团法人台北市会议展览产业发展基金会常务董事兼执行长、经济事务主管机关投资审议委员会委员。曾任台北市政府都市发展局副局长、台北市都市更新处处长、台北市都市设计及土地使用开发许可审议委员会副主任委员、台北市文化资产审议委员会委员、台北市树木保护委员会委员、台北市政府环境影响评估审议委员会委员、台北市公共艺术审议委员会委员、台湾台北科技大学建筑系兼任助理教授、台湾师范大学地理系兼任助理教授、台湾科技大学建筑系兼任助理教授。长期于台北市推动创意产业、创意城市、都市设计、历史保存、社区营造、商圈辅导、公共艺术、都市再发展之工作，并实际负责上述领域之各项行动计划之策划及执行。

文章导读

1994 年台湾地区正式启动了社区总体营造的运动，在台北市自 1995 年办理的市民参与的空间改造中首次展现了市民提案的城市规划可能性；1996 年起正式全面推动地区环境改造计划，强调市民参与社区环境工程的机制建立，并且因为是全市跨局处的全面推动，让参与式设计成为台北市相关局处空间部门作业的一种基本认知。1999 年社区规划师制度的建置，让台北市社区营造的发展开始迈向一个更为全面性的市民参与机制，直至 2005 年台北市举办国际论坛并签署台北社区规划宣言为止，台北市可谓历经了一段波澜壮阔的市民参与城市规划的历程。

2003 年起社区愿景地图的绘制与 2008 年起的社区影像记录行动，是台北市重新启动的一个社区居民参与对话的工作模式。2009 年在历经五年的实验运转之后，仁安医院修复完成正式转型为社区营造中心，成为台北市推动社区营造的主力推手，这也让台北市的社区营造进入社区自主运作的新阶段。

2012 年台北市社区营造工作由都市发展局移转至都市更新处，并被纳入城市再生的重要策略，从而推展出一系列全面而更为广泛的城市行动。社区营造 20 年来在台北市已然伴随着城市发展的脉络，发展出一条截然不同的都市型社区营造机制。对台湾地区的社区营造发展而言，台北市的经验正足以见证一个都会面对城市变迁与发展的因应与调适。

对台湾地区社会而言，走过 20 年的社区营造面对不断变异的外在环境，显然应有一种面对外在处境的更迭而具有的认知与决心。台北市作为全台湾地区最大的都市，其社区营造的发展，足以提供更大的可能性为我们重新检视社区营造这一城市发展的策略，对台北市社区营造发展脉络的检视亦可提供作为一个以城市实践为基础的实务反思，从而进行城市发展下一波行动的再思考。

一 社区规划的发展基础

台北市全面的市民参与规划始于 1990 年代初都市计划的市民参与行动。当年的台北市政府在尚未正式要求办理居民公听的时候，即在社区办理多次大型的说明会或公听会，主动将所有进行中的城市规划方案，乃至都市计划的公展作业扩大成由正式的公听会作业与地区电台的电视公听会办理，让都市计划的市民参与成为制式的作业习惯，从而影响都市计划作业规定的修订。

另者发展自 1980 年代的都市设计审议作业，也在 1990 年代渐趋成熟稳定，引入辩护式规划的理念，在都市大型开发发生时，借由邀请周边地区居民代表或意见领袖参与都市设计审议，表达社区的意见，让社区居民得以提早了解社区环境即将发生的大型变更，表达其疑虑，并且让关心之议题得以付诸讨论与冲击减轻之可能。

1990 年代中期一连串加油站、变电站的建设申请案与大型工程的开发，在业者取得经营开发权利之后，却因居民疑虑这些邻避型设施或大型集会场所的设置，恐造成社区生活环境质量的降低，激发居民群起抗争。这些偶发分散的社区居民抗争行为，在时间点的偶合之际，让不同的市民组织串联成一股庞大的社区运动，为了环境权的护卫而走上街头。在这些一系列的社会运动压力之下，也促成了政府在既有的行政机制之中，重新正视长久被忽略的市民参与与对市民环境权的尊重。在 1980 年代至 1990 年代的社会发展脉络之下，台北市都市发展局在空间实践的社会对话过程中逐步奠立了社区规划的行动认知与价值建立。

二 草根崛起的规划翻转

1980 年代之后被长久压抑的社会力得以纷纷释出，市民社会的崛起也开始挑战着传统部门由上而下家长式的市政建设擘画，同时也颠覆了基于专业知识依循理性逻辑的城市规划认知。市民实际感受与政府理性施政的落差，说明了城市规划必须移转典范寻找新的路径。

1985 年中原大学协助台北市政府都市计划处（现都市发展局）推动永康街的游戏巷、公园巷，可以说这是台北城市规划实行社区扰动促成社区参与的开端。1991 年士林区福林社区由居民发起、专业文官与空间专业者协助的"大家来办桌"与彩虹白鹭广场的辟设则是市民参与社区营造的先河。民生社区的绿化运动（1993 年）、西门商圈的社区自主动员（1989 年）、西门徒步区管理委员会的成立（1990 年），说明了 1990 年代初期市民团体对于社区参与的觉醒与一种新城市规划的可能探索。

同一时期迪化街街区保存运动的开启（1987 年以降）、无壳蜗牛运动的万人夜宿忠孝东路（1989 年）等事件，也为城市规划专业提示了一条不同的路线与战场。这不仅开启了城市规划专业现场参与的实践路线，也促成了许多城市规划专业团体的成立，例如崔妈妈基金会（1989 年）、开放空间文教基金会（1990 年）、都市专业者改革组织（1992 年）、都市设计学会（1994 年）等专业组织结合许多空间专业直接参与城市空间规划的献策与协力运作。90 年代初期第一波的行动可谓台北社区参与城市空间营造的萌芽。

1995 年永康街侧公园旁巷道的开辟计划启动，公园旁边的十余棵老树必须被移除，引发了永康街护树运动，最后依选举名册办理公投，以 6000 多张选票的绝对优势赞成留下老树，这一结果揭橥了一个重视市民参与城市规划的必要认知。1995 年都市设计奖 – 市民参与的空间改造，开始鼓励市民提案城市空间设计；1996 年"地区环境改造计划"正式将社区性小型工程转型为社区提案和参与式设计；1999 年"社区规划师"制度创设；自 2000 年起培训青年社区规划师，社区规划服务中心成立，开设社区大学环境学程。台北市全面启动社区参与城市规划与空间营造，从 1996 年至 2005 年广邀世界各国／地区交流经验，并在欧亚美多国／地区社区营造专业者的共同讨论与见证参与下完成"台北市社区规划宣言"的签署，台北市几乎所有的邻里公园、社区步道、通学路径、社区公共空间等场域，经历了市民倡议提案及参与式设计的改造，200 多个社区参与空间营造的具体案例，

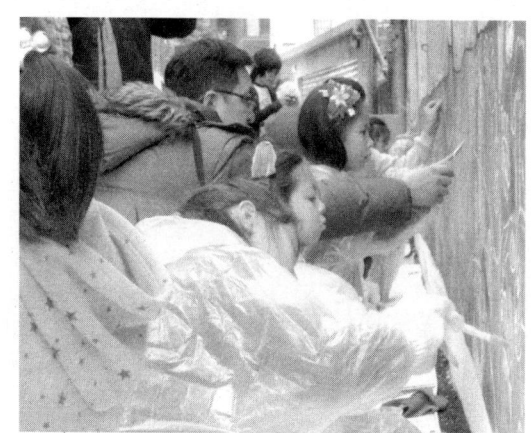

图6-1　天母白屋经由筹组社区发展委员会
　　　　逐步形成未来发展共识

图6-2　锦安社区的居民和学童共同参与巷弄彩绘

让整座城市可说是经由市民参与彻底检视改造一轮。此可谓台北市社区营造市民参与空间营造的具体实践时期。

　　整个市区的社区空间经由市民参与社区规划之后，许多城市空间的形塑大到诸如西门徒步区、师大路、永康街、华阴街、四平街、宁夏夜市等全市性商圈或亲山步道的设计，小到社区里的小角落或闲置房舍都经由社区居民的讨论而有所改变，社区营造似乎走到一个不知下一步要做什么的瓶颈。于是一个重新启动市民检视社区、重新发现社区价值与资源的一系列行动开始，包括愿景地图绘制（2003年至2007年）、市民创意梦想提案（2006年迄今）、社区故事影像纪录计划（2008年迄今）等，都是暂时放弃实体空间营造，重新返回原初再次发现社区核心价值的引导行动，2009年在历经五年之余的实验运转之后（2004年至2009年），正式于仁安医院成立社区营造中心，其亦成为台北市社区营造的总推手。

　　2008年起台北市推动的社区故事影像纪录，从培训社区居民自我掌镜，记录自己的故事开始，也重新带动了许多新一代年轻人走入社区，关怀社群。八年来拍摄了八十多部的社区影像，等同于再次启动了 70 多个社区行动计划，在社区营造点计划、社区规划师辅导行动等的交织协力之中，台北市社区营造渐渐跨越了传统实质空间营造的局限，走向更为广大的人文深层内涵，不只处理空间的永续经营，也面对各个角落弱势底层的

图 6-3　社区影像纪录片回到青山宫前的庙埕播放

声音；在既有的社区规划协力网络之上，拓展了多元跨域、跨界合作的发展面向。

　　2010 年罗斯福路系列绿点营造计划在这样的基础之上发展出一种城市行动的新意涵。本来五处公有闲置的老旧建筑，在配合花博拆除作为绿地美化之后，市政府以实验性的作为分别与各领域的 NGO（Non-Governmental Organization，非政府组织）、独立书店及社区居民合作，发展出一套城市空间场域形塑的实践经验。这包括五六百位居民合力递瓦搬移建材与后续自我营造及共同合作提供雨水的雨水花园，十余家独立书店共同企划都市之夜的药草花园，社区共同耕作市民开心农场，周边建商拟开发土地无条件提供作为社区窑烤面包、比萨的农场……这些跨界实验的经验，也为台北市带来下一波城市营造的契机，并建立起都市市民参与的新对话思索机制。

图6-4 成立社区车库邀请修物达人进行
社区旧物修理

图6-5 协助忠勤里成立相应机构以
照顾弱势社区

图6-6 社区营造点协助芒草心慈善协会辅导
街友成为街游导览员

三 时代转型面对的挑战

社区营造在台湾地区的启动，原本是为了面对传统威权体制下的僵固文化，从而鼓动地方社会建立起自立自足的主体性认知。1998年行政事务主管机关经济建设委员会（简称"经建会"）也在创造城乡新风貌计划中框定大规模预算，将其挹注于社区协力政策。在如火如荼的全面推动中，社区营造成为各地方县市政府文化部门一个非常重要的工作。然而这个本应该强调地方自省的治理政策，在制度逐渐健全之后，也开始陷入社区营造行政化的困境。在台湾地区全面推动社区营造的工作过程中，从台湾当局到地方都面临着下一步何去何从的反思处境。

台北市作为台湾地区的首善之区，同时也是一个与全球联结且高度都市化的城市，自然要以城市的既有资源与特殊的城市处境，重新检视在社区营造过程中，台北市应该操作的面向与推动的策略。

我们所赖以成长的时代背景，是一个乐观而持续前进的世界，也是一个可以用化约的方式来理解的世界。然而在 20 世纪末到 21 世纪初的十余年间，现代主义所建构的理性与秩序被攻击得体无完肤，复杂性与不可预测性成为时代的新精神，伟大蓝图的战略及其背后的核心价值：集中、控制、秩序都已被混乱、断裂、错置所冲击。一如复杂系统理论所阐述的，21 世纪的开端在全球气候异变、金融重组及与各种价值冲突的复杂作用下，正处于一个不可预测变化的边缘状态之中。

因应革命时代的混乱、断裂、错置及其强大的连动感染力，城市规划与都市发展已不能简化为理性机器加以对待。先端技术、市场经济与民主自由都不能保障社会的稳定成长，许多刚性的城市发展蓝图与都市建设系统，都不足以应对这类来自各种不同体系的复杂变化。许多最好的动机与善意的计划都要小心衍生成为动荡的结果与致命的危机。

于是以弹性的愿景框架取代稳定的蓝图计划成为一个有效应对变革世界的发展纲领。在"确保弹性""重视网络""分散权力"三个核心工作原则下，以效应导向行动、以提问调适解答成为一种新城市实践的务实做法，这也是台北市自 2009 年起倡议"软都市主义"（soft urbanism）建构以响应时代发展的基本精神。

对当前台湾地区的发展处境而言，过去三十年来我们已然建立了一个良好的城市设计机制，然而面临一个新的时代，这个运作机制与叙事逻辑似乎也已逐渐失去旺盛的动力能量，无论是都市设计、历史保存、公共艺术还是社区营造，在规章制度逐步建立、组织机制循序建置之后，似乎都进入另一个迷失的"荒原"。

我们不得不重新回到问题的本质，认清都市问题的意识，并且立足于在地的城市观点而不是套用西方近代的理论概念。都市的存在目的，一如 Doug Saunders（2011）在《落脚城市》（*Arrival City*）中所言："人们移居城市的目的乃在于都市可以提供机会与积累经济，前者满足人们与企业追求生活质量的企图，后者提供生产、流通、消费，创造个人与企业的财富积累。"这完全说明了人们对台北这座城市的欲求。

这个城市的处境又是如何呢？人口结构逐渐老龄化，年轻人喜欢这座城市却又不易在此买房购屋。城市特质是充满活力、具有创意、多元复杂而有趣，在设计、音乐、美食等方面有着难以想象的能量，却又非常不对比地为国际所忽视。环境上极其友善便利，但又耗能且缺乏明显特色。面对未来发展，这座城市的人们缺乏愿景共识，因为充分的自由也造成内部之间遍布意识差异。虽然充满对未来的期待，但大抵着眼于己身利益与自我观点的维护，对未知世界的想象贫瘠，也难有公共领域的共同看法。相较于整个台湾地区，台北人是被照顾得最为妥善的居民，所有的机会与服务也都充斥在这座城市，但这里的人们也是全台湾地区需求最为不满、最不知足的地方；这里的人们喜欢以冲突对抗呈现问题，以嗜血新奇表现主张，媒体创造了一个不以寻求真实问题解决为目的、只求实时占上风头为所求的市民性格。

台北市是个既混沌复杂又条理有序，既友善亲切又充满冲突对抗的地方。要求他人尊重规定却又不问自家是否合乎规定；强烈表达自我主张却又忽视社会多元价值的存在。城市节奏快速却又追求慢活享受，希望长程理性规划却又只关心短期可见投资。因为复杂与多变的城市个性、因为矛盾与多样的市民性格，即使需要长程的蓝图、总体的计划，也没人真正理会；刚性的机制、制式的逻辑都不足以因应这个城市的真实弹性需要；这是我们要建构软城市的社会基础结构。

社区营造作为一种市民参与政策形成的对话机制，同时也扮演着政策推展的一种润滑缓冲场域的角色，在台北市这样草根民主旺盛的地方，在政策的推展之中势必要与各类社群与各个社区进行充分的对话。同时面对城市发展的必要，也应该要有一个更为高位的城市思维与面对城市挑战的战略方向，意即社区营造作为城市对话的一种运作机制，势必要以台北的处境及其面对的困局，寻找台北市自己的出路与工作的取径。

四 创意城市的策略取径

新的时代伴随着新的挑战，也意味着城市需要一种新的发展范本。对于20世纪建构在土地、资本、劳力与企业家才能基础上的经济发展要素，必须重新予以诠释。在社会资本、智慧资本与创意资本的核心内涵下，城市必须重新再次定义城市的资源所在，包括创意人才、经济资本与社会资源；而因应这个社会新体系的改变，台北都市再生部门也开始重新整合资源、修正机制并架构平台为城市创新采取行动。

2007 年台北市正式成立府级的都市再生方案会议，以统整都市再生工作，城市的都市再生部门也赓续启动全面性的工作。在历经数年与城市各社群创意人才资源的重新接触与各种小型合作尝试下，台北市政府当逐步发展出一种全新的都市再生实践论述，并被称为"软都市主义"。

软都市主义所倡议的都市再生框架，其基本的行动取径（approach）是以"架构愿景"（visionary framework）形成共识与建立方向；以"策略规划"（strategic planning）确认重点并不断调适；以"行动实践"（practical action）尝试错误而学习成长；以"动态因应"（dynamic deployment）应变弹性且灵活务实；以"未来解答"（future solution）前瞻趋势及主导行动；以"整合治理"（integrated synergy）跨域协力与异质互动。简单地说，维持一个松散、开放、包容的场域，以策略建构前瞻观点，以愿景凝聚行动。

在实务上，直接面向七个主要的策略工作，包括创意城市的形塑、都市涵构的面对、生态城市的建立、合宜适当住宅的支撑、都市产业的空间支持、可调适的空间资源运用、社会协力对话机制的建构。

在行动光谱上，从创意人才的响应到空间资源的支持，从现实当下的共识凝聚到明日世界的共同想象，台北市具体引燃都市再生的燎原烽火。

在空间上，逐步架构都市再生政策纲领，俾为城市改造的上位发展原则；以策略行动拉出跨世代发展意图，从铁道沿线工业遗产群的历史性都市景观（historic urban landscape）推动、陆保厂策略产业低碳社区的开发机制改造，到老屋改造大作战的观念重塑，具体地重新诠释都市更新的方向。

在创意人才资本的对应上，以"URS"（都市再生前进基地）启动城市空间的多元想象，酝酿城市多样的奇魅氛围；以"URS Partner"及 URS 补助计划联结城市各个角落的空间联想与营造；推动协力网络平台（collaboration network），创造协力合作机会与共同学习环境；推动"Space Share"空间资源共享计划，以绿色协议引导城市剩余空间释放，并以补助创产促成老旧空间活化，鼓励创意人才在城市扎根。

在迈向未来之际，以城市经典论坛邀请世界各地城市实践先行者来台交流学习，以"Future Lab"明日工作坊思索城市下一波的行动可能，以"Next Play"探索议题对话，引动城市变革。

在市民社会的基础之上，推动"Share Vision"老旧市区愿景工作坊，与市民重新面对在地思维，思考地方真实的发展需要；通过市民影像纪录促成社区深入生活实貌探索；通过社区营造行动与居民探讨社区生活处境；通过"Open Green"绿色开放空间计划鼓励多层次多样性绿色空间融入社区。

这个保持发展变动状态的都市再生框架，在每一个行动计划之间互相滋长与调适，也在每一个参与行动的群体与个人之间成长与学习。这是一个学习型成长的都市再生战略，也是一个具有恢复力（resilience）的都市改造模式，更是因应台北性格从而回应世界的城市论述建构。

这些具体的城市实践可以被界定为三个基本的发展脉络："共创世代的空间支持""共享时代的社区网络"与"开放社会的城市对话"。

"URS"是这一系列城市再生中，发动最早影响也最为深远的一个计划，自2009年起以都市针灸术的概念开始，在台北市的老旧市区进行一系列城市改造的先驱行动，包括迪化街区的URS127、URS44、URS155、URS27W所带动的历史街区转型活化；URS21中山创意基地引动的大中山地区创意氛围，以及各个URS基地所激发的城市创新能量；这些市区里的URS重新卷动城市创意人才与社区人士共同投入，产生的社会波动效应极为可观，并且被市政府列为争取"2016设计之都"的六大整合性示范计划与推动世界设计之都的16项核心计划之

图6-7　在URS21创意设计聚落设置居民合作农场

一。URS没有固定的运作形态，而是以有机的运作模式，配合落脚的地点，引动必要的社群与创意人才投入，以都市针灸的概念发动在地住民的内部自我改变。URS核心的三个行动价值即是始终保持"开放性的论述平台"以会聚众多创意能量，不断尝试"实验性的都市行动"以拓展各种议题面向，联结"建构中的城市网络"以发挥社群影响效应。

在URS的实践经验下，URS Partner计划（2012年迄今）与URS补助计划

社区 X 营造 | 政策规划与理论实践

（2011 年迄今）更细微地引入社会各阶层的参与投入，赓续推展，以扩大社会参与的层面，其行动除了传统空间专业所触及的历史保存、空间规划、生态保育外，也开展传统产业维护、弱势族群协力、创意人才培育等多元面向的尝试。同时为了因应时代思维的变革，都市再生部门也实验性地推动了两个隐性智库性质的城市行动："Next Play"与"Future Lab"。"Next Play"从华山大草原的"创意新生地"（2010年）、URS13 南港瓶盖工作的"游乐园"（2011 年）开始，不断以各种具有挑战性的城市议题为题旨，透过各种城市行动邀集社区居民、专业团体、民间组织交叉对话以激发思考及发展政策方向。诸如公园露营、后巷使用、违章建筑、土地价值、都市农耕、废弃工场之利用等，将许多政府部门不易应对却又确实存在的议题，通过都市行动逐渐软化意识的冲突对立或松动僵固的传统思维，重寻解答城市难解课题的新出路。至于"Future Lab"（2012 年迄今）则是试图跳脱当前复杂处境的思考限制，直接想象五十年后的城市发展期待，再回溯当前城市发展可能的方向与策略，这是一个预计连续推动十年的智库性质的工作，至于其可能的影响则仍有待持续观察评估。

另外都市再生部门于 2012 年同时启动了三个建构城市协力网络的运作机制，分别是"Share Vision"、"Open Green"与"Space Share"。"Share Vision"乃是针对大同区及万华区之老市区的发展愿景与社区工程建设，采取以城市交互方式，反复与地方头人、各种团体以驻地工作站持续对话，深入探寻老社区居民的真实需要，从而发展出老社区政策计划与预算编列执行之具体内容。"Open Green"则是以重新

图6-8　大同万华愿景工作坊于2014年共集结250人参与讨论

诠释社区公共领域为目标，在多层次立体公共空间与耕植绿化之议题上，借由引入NGO组织或专业者进驻协力，发展社区居民的自主意识，重新盘整并营造出社区自我的新公共空间。"Space Share"则是指不动产开发公会、信义房屋、隽永R不动产等房屋中介及崔妈妈基金会合作，以平台为中介探寻城市可能利用之空间资源，将其作为提供Co-working、Space Sharing、Affordable Space、Community Space四类城市空间的可能性，并通过支持各类充满创意想象的Start-up得以在城市落脚立足，迈出第一里路。

　　2012年台北都市再生部门邀请英国创意大师Charles Landry作为推动创意城市的策略顾问，从而推展一系列创意行政、创意平台、创意生态系谱的工作，因之也开拓了都市再生工作的视野范畴。Charles Landry尤其重视台北市充满活力的技术人才与微型创业环境，并提醒如何建构一个新的组织、新的管理方式，充分发挥蕴藏于整座城市的各种资产与资源，让新的世代得以发挥所长，这才是台北市面对全球化与新浪潮的机会。

2000 年后的台北城市规划发展，在面临外在客观局势的变革下，城市规划专业也因应寻找各种极具创意的创新作为，其工作面向可以总结为"营造城市链接"、"提出社会解答"与"迈向绿色成长"三个主轴。这是一个全新的时代开始，台北市的都市规划发展脉络已然出现与世界城市对话的新时势。这是一条过去历史上未曾走过的路，也远远跳脱了传统城市规划论述的工作认知，同时也迥异于台湾地区各地社区营造的工作模式，其发展仍须面对许多传统城市规划的范畴限制，也挑战着社会对都市再生工作职责与对社区营造工作面向的既定认识，但无论如何在 2010 年代集结了一群来自政府技术官僚、空间专业者、对社区怀抱热忱的工作者、对未来充满想象的年轻创意者的跨界交织共同协力合作，已经为台北市与转型中的世界城市重新搭接了一个复杂的网状联系网络。这一次是年轻思维正在共创一个新的时代，赶上前进或被时代抛弃，将是台北市面对未来的抉择，但是，我们已经看到一扇打开未来的门。

参考文献：

Doug Saunders，《落脚城市：最终的人口大迁徙与世界的未来》，陈信宏译，台北市：麦田。

生态博物馆：台湾社区营造迈向
可持续性发展的启示与建议

刘镇辉

　　台湾大学地理环境资源学系博士、台湾台北艺术大学传统艺术研究所硕士、台湾交通大学电子工程学系学士。现任台湾传统艺术中心聘用行政助理、台湾高雄第一科技大学通识教育中心兼任讲师、崇右技术学院推广教育中心兼任助理教授。曾任台湾台北教育大学文化创意产业经营学系兼任讲师级专业技术人员、崇右技术学院推广教育中心兼任讲师。专长于社会发展、社区参与、公共政策、文化资产、文化景观、博物馆、旅游规划及管理。参与写作《台湾地貌改造运动特展：论述专辑》《雇工购料的 29 道步骤 7 个阶段与 6 则故事》《2006 文化资源保存与经营管理国际教学世界遗产参访教学与研讨成果报告书——冲绳篇》《2006 捷克文化遗产与文化景观考察成果实录》《中国生态旅游发展论坛 4：生态旅游实践与出路》《21 世纪博物馆的价值与使命》《当地方遇见博物馆：台湾经验与跨文化视野》《台湾产业文化资产体系与价值——台湾煤矿、台湾闪玉篇》。

文章导读

台湾社区总体营造政策推展已正式迈入第三个十年，无论是学术界还是实务界，皆对于未来政策存废，乃至如何走向，非常关心，目前许多讨论积极呼吁社区营造应重新回归社区或社会议题之目标导向，笔者也非常赞同。

易言之，下一阶段之社区总体营造政策，仍然需要古道热肠、满腔热血的人来执行，但是，光是这样，并不足以面对快速变迁的全球环境，也因此，重新审视社区总体营造的意义与价值，拉高格局、找对方向、用对方法，这是关心社区运动之伙伴们，所必须共同思考与面对之重要课题。

由文建会提出之地方文化馆计划与社区总体营造政策息息相关，并于 2008 年至 2015 年与"新故乡社区营造计划"整合为"磐石行动计划"，导入地方文化生活圈之推动策略，相较于此，生态博物馆是与地方文化生活圈形似而质异之新博物馆学概念之一，也更加着重于社区参与之核心议题，是故，本文尝试爬梳台湾地区生态博物馆发展历程，并从中挑选三个不同类型之代表案例：猴硐煤矿博物园区、大溪木艺生态博物馆、土沟农村美术馆，并透过各项实践经验及执行成果，提出未来社区总体营造政策的三项建议：经由合作、融入与支持三个层次，重新思索社区营造与公共政策之互动模式，建议强化社区营造与公共政策之衔接与整合、鼓励将社区营造精神纳入公共政策之规划及实施、扩大公共政策辅助社区营造迈向可持续性发展，以期能让台湾社区运动由目前之社造 2.0 迈向社造 3.0 之崭新进程。

一　研究背景

社区参与是生态博物馆之核心价值及关键元素，台湾地区自从于 1994 年由文建会启动社区总体营造政策以来，该政策就是生态博物馆运动及个案推展之重要支持力量，此项政策历经长达二十年之不间断推动与发展，可以说是台湾地区最长寿之公共政策之一。

不过，目前许多讨论也呼吁社区营造行动应更加注重社区或社会议题之目标导向，社区营造领域经常流传"凡走过必留下痕迹""社区营造过程比结果更重要"等说法，表面上看起来并没有错，社区营造重在改变人心、凝聚共识及形塑愿景，本来就需要时间，也经常是迂回、曲折，无法在短时间内就达成共识、看到结果，不过，更具目标性、策略性与积极性之工作思维及推动模式，将是社区总体营造政策步入第三个十年所应积极面对与思索的重要课题。

本文经由爬梳与社区营造运动息息相关之台湾地区生态博物馆发展历程，并从中挑选三个不同类型之代表案例，包括：猴硐煤矿博物园区、大溪木艺生态博物馆、土沟农村美术馆，透过实务推动经验与各项执行成果，反思社区总体营造对于当前社会之核心意义与价值，

社区 X 营造｜政策规划与理论实践

最后提出社区总体营造政策之愿景与建议。

二 文献回顾

本文系以笔者于 2008 年至 2013 年持续针对猴硐煤矿博物园区进行行动研究之成果为基础，另为省思猴硐煤矿博物园区所面临之各项课题，通过台湾地区其他案例进行文献回顾，并辅以部分田野访谈与调查，尝试针对猴硐煤矿博物园区，乃至台湾地区生态博物馆之发展环境进行检视与探讨。

诚如前述，社区参与是生态博物馆之核心课题，台湾地区虽然有颇为蓬勃之生态博物馆推动经验及案例，但是，却无以生态博物馆为名之相关政策，许多案例系延续 1994 年社区总体营造政策概念下之在地化文化建设，部分则为长期社区营造成果之延伸及推展。

位于宜兰县头城镇之兰阳博物馆是最早导入生态博物馆理念之地方博物馆之一，宜兰县政府于 1992 年 12 月 8 日召开宜兰县开兰博物馆筹建委员会，会中决议改名为"兰阳博物馆"，后续配合筹设实体博物馆，同步催生宜兰地区小型博物馆之互动与合作网络，2001 年 5 月 9 日成立宜兰县博物馆家族协会，持续运作至今；该馆已于 2010 年 10 月 16 日正式开馆，因与地景相互融合之建筑外观，以及颇具特色之情境式展示手法，成为宜兰地区相当知名之旅游景点之一，该馆并宣告自身之立馆使命为："宜兰是一座博物馆，兰博是认识这座博物馆的窗口"，2013 年之开馆 3 周年馆庆活动中，除有相关展览及文艺表演外，也规划于同年 10 月 18 日至 19 日举办博物馆与地方文化发展论坛，并针对"公私部门文化机构合作""博物馆家族经营""宜兰是一座博物馆"等课题进行研讨，活动现场亦播放"宜兰是一座博物馆，要不要？"之纪录片（兰阳博物馆，2012；兰阳博物馆，2013），显示兰阳博物馆逐渐回归原初以生态博物馆作为核心定位之使命及目标。

　　另位于新北市瑞芳区之黄金博物园区则是台湾地区另一座以生态博物馆进行自我期许之县市层级博物馆，为保存金瓜石地区之矿业遗产，振兴地方发展，台北县政府（自 2010 年 12 月 25 日起更名为"新北市政府"）自 2002 年起开始筹建黄金博物园区，2004 年 11 月 4 日正式开园（现更名为新北市立黄金博物馆），因园区范围并未将高度相关之矿业聚落纳入，且于筹设阶段即以专业博物馆自我期许，长期以来与周边聚落居民，互动程度有限，蔡宗雄曾撰文表示，目前黄金博物馆在与地方社区结合部分，已进行许多改善（蔡宗雄，2014：12~15），然而，实际成效如何，仍然有待观察；故文建会于 2011 年至 2013 年推动"社区营造亮点计划"，民间团体即主动协助社区居民研议及争取项目补助计划，从而推动"水金九聚落山城黑屋顶学校营造计划"，除以具有地方特色之黑屋顶建筑为主题外，亦主动调查及清理矿业台车路径，同时针对当地第二次世界大战期间之大型战俘营遗址，提出在地人之观点及看法，并于诸多工作基础下，尝试建构民间观点之黄金博物园区发展架构，也让当地超过 10 年之生态博物馆推展，出现新的机会与可能性。

虽然此两案例可作为台湾地区在地化国际生态博物馆理念之先驱经验，但是，距离落实生态博物馆之核心价值仍有一段距离，故本文除选定猴硐煤矿博物园区进行案例探讨，另外挑选近期两个不同类型的案例：一者为位于桃园市大溪区之大溪木艺生态博物馆（全名为桃园市立大溪木艺生态博物馆），除有专属博物馆组织、经费及场馆外，更首开先例于筹备阶段即同步推动居民参与工作，值得借镜；另一者则为位于台南市后壁区之土沟农村美术馆，该案例为社区组织累积长达十年之社区营造工作成果后，为促进社区发展迈向新的阶段所进行之创新实验与在地行动，为台湾地区少见的由民间组织筹设之生态博物馆案例，对于思索社区营造可持续性发展机制具有重要性之参考价值。

图7-1　金瓜石居民自力整理完成之
　　　　矿业台车路径

三　个案研究一：猴硐煤矿博物园区

（一）案例回顾

猴硐煤矿博物园区自 1990 年猴硐地区停止采矿以来，历经长达 20 多年之酝酿及推展，由一个衰败破落之废矿区域，尝试筹设实体博

图 7-2　猴硐煤矿博物园区以生态博物馆概念保存
当地独特之矿业地景

图 7-3　猴硐煤矿博物园区运用矿工浴室
改建而成之矿工纪念馆

物馆，再因故转向设立以现地保存文化及自然遗产为核心之生态博物馆，并于 2010 年 7 月 24 日正式开园，是相当符合猴硐地区后矿业发展阶段之公共政策方向的。

　　不过，在台北县政府到新北市政府之筹建及营运过程中，因较偏重硬件建设思维，缺乏与在地居民之充分意见沟通，并延续主政单位之既有作业模式，规划以有限资源维持园区之基本功能，再加上意外进场之猴硐猫村运动，原本系以动物保护为目标，最后却因公私部门之持续关注与资源投入，让猴硐地区在未有充分准备的状况下，于短期内迅速累积大量人气与人潮，形成社区内部之对立与反弹力量。

　　相关部门之统计数据显示，猴硐煤矿博物园区游客人数于 2014 年 2 月攀上单月 8 万 3344 人次之历史高峰，2014 年之游客人数合计高达 80 万 613 人次，相较于 2012 年及 2013 年之 51 万 6792 人次与 58 万 8725 人次，分别增加 55% 与 36%，增长幅度相当可观。依据笔者之行动研究结果，诸此蓬勃之观光发展荣景，除原本以煤矿产业遗产为主轴之园区建设及相关设施外，实则相当大幅度受惠于猫村运动之推动及发展。

　　然而，猫咪之惊人集客力所带来的观光人潮，也让观光旅游发展

　社区 X 营造　政策规划与
理论实践

与当地住民日常生活之相互冲突迈向新的高点，即便主导团队已尽力控制猫咪数量，并积极协助社区环境维持与改善，新北市政府观光旅游局也自 2011 年起陆续推动包括新猫桥及猫咪卫教倡导信息站等相关社区及游客服务设施，却仍无力因应此一负面效应；另笔者于 2014 年 9 月 6 日及 9 月 12 日通过访谈自 2009 年返乡全职投入社区及地方产业工作之当地居民 A 得知，因其所经营店面位于内店仔老街，虽于网络有颇高之人气与知名度，但是实际到店人潮仍不足以支撑日常生活，故只好前往外地谋职，虽仍居住于社区内，但是，原本常态营运之文创商店则只能改为周末及假日才开放。

此一发展现象凸显猴硐煤矿博物园区自 2010 年开幕以来，铁路运输之便利性导致游客高度集中于猴硐车站周边之既有现象，则因猫村持续推展而愈发明显，除对于该区域居民之日常生活及环境质量造成冲击，也降低其他区域居民持续关注及投入园区事务与地方旅游推展之相关意愿，对于园区发展而言，不啻落入两败俱伤的局面，因此新北市政府观光旅游局对于园区之经营策略，应尽快由目前持续投入硬件建设及举办观光营销活动，转向思索如何透过有效机制以引导庞大观光人潮远离猴硐车站周边，除降低该区域之环境压力与相关联之负面效应，也可增加游客对于当地煤矿产业遗产与其他文化及自然资源之学习与体验，更有机会借以鼓励及促进更多在地居民投入园区事务推展，并为文化保存及观光发展创造相辅相成之双赢结果。

社区组织干部 B 于 2014 年 9 月 5 日接受笔者访问时表示，为促进跨里合作而于开园年底成立之猴硐地方永续发展协会，除于 2014

年5月4日在新北市政府社会局补助下举办"钟萼木花季——与三貂火金姑有约"活动，尝试串联猴硐及三貂岭之观光资源，另也在新北市政府文化局的补助下于2014年8月3日举办"煤乡漫游，彩绘猫村及猴硐煤矿园区"活动，邀请猴硐小学学生及家长、猴硐地区居民及外来游客，共同将眼睛看到及心中体会到的猴硐印象，绘画出来，最后交回100多份作品，这也是猴硐在地组织主动、自发且以正面积极角度思考猴硐猫村发展的重要尝试。

笔者于前述访谈中，建议能在2015年推动收费性之导览解说游程，除可鼓励及培育在地居民参与解说工作，也能串联当地店家，透过商品兑换或折价等方式，积极将外来游客由目前高度集中之猴硐车站周边，引导至矿业聚落之其他区域，

图7-4　猫咪卫教倡导信息站成为猴硐煤矿博物园区公私协力新平台

提升地方观光产业之经济价值与影响范围；后续社区组织干部B于2014年9月25日再接受笔者访问时表示，新北市政府动物保护防疫处委托猴洞地方永续发展协会管理猫咪卫教倡导信息站，有助于促进猴硐地区之社区参与及观光发展迈向新的整合阶段。

（二）案例探讨

猴硐煤矿博物园区作为台湾地区生态博物馆之代表案例之一，与

黄金博物馆之筹备工作呈现时间、地缘及主题方面之关联性，两者虽分由观光部门及文化部门筹设，但是，在实际工作推动上，皆同样偏重于博物馆之实体环境改善及服务设施建设，轻视居民意见征集及落实居民参与，不过，因为两者条件不同，后者之园区范围内并无居民居住，前者则与当地矿业聚落高度重叠，是故后者能以专业博物馆自许，并努力推动展示活动及服务观众，前者则势必要与社区居民进行联结及互动。

幸运的是，猴硐煤矿博物园区自 2003 年开始就有小规模之社区营造活动，2007 年，则因台北县政府导入"美丽家园行动方案"，2008 年持续在台北县政府文化局之辅导与补助下推动"社区版猴硐煤矿生活园区规划方案"，强化社区居民对于地方资源之调查与认识，并针对园区发展课题建立内部共识，再于 2009 年至 2010 年逐步透过社区活动及社区会议与地方政府进行对话，并让原本开园前社区居民及地方政府之紧张情势得到缓解，社区居民也在 2010 年底，正式立案成立猴硐地方永续发展协会，建立区域性之跨部门协力与合作平台。

从 2011 年至 2013 年，园方持续强化硬件设施，社区组织也陆续推动多元化之地方活动，再加上猫村运动的导入及推展，也让猴硐地区由煤矿停采后之衰败凋零，逐渐迈向后矿业时期之地域振兴，观光旅游产业也日益蓬勃发展；换言之，猴硐煤矿博物园区透过原地保存的地方自然及文化资源，特别是格外丰富与完整之煤矿产业遗产，再加上颇为兴盛及蓬勃之社区能量及在地活动，呈现出与黄金博物馆截然不同的发展取径与成果。

猴硐地方发展除涉及观光及文化课题，更与动物保护及经济发展议题息息相关，故短期内除可透过新北市社区营造推动委员会及工作小组之既有行政平台，让不同局处之政策资源进行更佳之相互衔接与搭配；长期而言，仍应持续敦促新北市政府尽快成立"猴硐煤矿博物园区经营管理委员会"，邀请新北市政府相关单位、学者专家、矿业公司、台湾地区铁路管理局、各里里长、在地组织及居民代表参与，以有效协调及整合各公私部门之资源投入及工作推展，并针对园区发展进行共同思考与决策。

　　此外，作为跨社区居民协力平台之猴洞地方永续发展协会已透过承接猫咪卫教倡导信息站营运工作，进一步与新北市政府建立合作关系，亦可以此为基础，逐步建立付费型导览解说机制，将煤矿产业遗产、钟萼木等当地既有且广受认同之社区资源与猫咪进行联结，并鼓励在地居民积极投入，借此累积协会营运经费，亦可跨越社区营造及观光发展之隔阂与鸿沟，逐步朝向观光社区营造之可持续性目标迈进（西村幸夫，2010）。

四　个案研究二：大溪市艺生态博物馆

（一）案例回顾

　　大溪老街以历史街区及木匠工艺闻名，且是台湾地区著名旅游景点，桃园县政府文化局自 2012 年起，着手推动以当地木艺文化作为主题之生态博物馆建置工作，此座生态博物馆于 2015 年 3 月 28 日正式开馆营运，实质推动成果虽仍有待观察，但是，该案例却启动台湾地区前所未见，且相当符合生态博物馆理念之公私协力筹设模式，因此值得进行深入观察及探索。

大溪老街已历经多年之社区营造工作推展，以及历史保存与文化观光等工作推动，相当符合推动生态博物馆之基本条件，桃园县政府在与新北市政府交流后，惊觉全县居然没有任何一座县级博物馆，因此，自 2012 年起，开始结合文化事务主管机关之地方文化馆计划，着手进行具有正式组织编制、独立预算及馆舍空间之大溪木艺生态博物馆筹备工作。

此一博物馆与台湾地区其他生态博物馆，诸如前述之黄金博物馆、猴硐煤矿博物园区等案例之最大差异是，大溪木艺生态博物馆于筹备阶段时，并非完全以有形性之博物馆设施作为推动主轴，反而是以社区居民之共识凝聚，以及在地木艺产业之整合串联为优先，再同步辅以博物馆实体空间之规划、设计与施作；桃园县政府文化局之所以采取如此不同于以往，但却更加符合生态博物馆核心价值与理念目标之"另类"操作模式，除却对于生态博物馆已有更加成熟之理解与认识外，亦期待借此将长年累积之社区营造与文化保存成果，朝向一个更高境界迈进。

回顾此一生态博物馆筹设历程，2012 年至 2013 年，系以在地资源之整合串联为主，除积极取得在地居民及木艺店家之认同与支持外，也导入当地至善高级中学之教育资源，其中，2013 年，延续

2012 年 12 月 5 日至 21 日举办"匠师的心愿"木艺特展之工作成果，持续推动资源整合及策略执行辅导平台，着手遴选老街区之木艺店家设立街角博物馆（台湾地区古厝再生协会，2013a），分别结合大溪小学及至善高级中学执行乡土教学课程与木艺体验夏令营，推动生活木器设计甄选，另选定大溪老街区规模最大、目前仅存立面之建成商行进行环境清理（屋主已于 2013 年提出历史建筑登录申请），且为让更多人理解大溪木艺生态博物馆之规划内容与推动进度，选在 2013 年 11 月 30 日至 12 月 6 日举办"游木玩艺趣大溪"活动，除于未来生态博物馆实体空间之一大溪分局长宿舍举办开幕活动外，经由木艺轻便车之踩街活动，将与会者引导至建成商行之主展场，并筹设 4 个街角博物馆与 2 个街区展示点，主展场内展示内容包括：从建成历史看大溪、日式宿舍模型展示、木艺生态博物馆愿景蓝图、木艺匠师的传承

图 7-5　传统打铁店成为大溪木艺生态
　　　　博物馆街角博物馆之一

与转型、生活木器设计品展示、木艺轻便车展示、木艺 DIY 体验、社区木艺资源展示等（台湾地区古厝再生协会，2013b），后续建成商行亦于 2014 年 7 月 12 日开始，每个月第二个星期六下午 2 时至 6 时，举办大溪"三手微市集"，除邀请文创品牌共襄盛举外，也尝试让在地木艺文化与文创设计激荡新的火花与可能性，同时，也让在地民众对于建成商行有新

的体验与诠释（高庆荣，2014）。

当然，大溪木艺生态博物馆仍在初期营运阶段，未来能否顺利落实生态博物馆之各项核心理念，仍然有待观察，但是，桃园县政府文化局于筹设阶段透过专业团队建立与社区居民、木艺匠师、在地店家、周遭学校、社区组织之沟通与协力平台，并举办各项展览活动，让民众得知生态博物馆之规划方向、内容与进度，广纳民众对于生态博物馆之各项意见，相较于黄金博物馆及猴硐煤矿博物园区，已有很大突破；诚如参与大溪木艺生态博物馆筹划工作之民间专业者 C 于2014 年 8 月 19 日接受笔者访谈时所表示的："木艺博物馆"对于大溪老街居民而言，已是讨论十多年之老话题，虽然民众对此多表示乐观其成，但是，也要等到真正见到实体才会有感觉，也才会有更多的支持与投入，以街角博物馆为例，历经 2 年持续推动已陆续筹设 10 个据点（2015 年则有 9 个街角博物馆持续运作），显示相关社区工作推展已有具体成果。

（二）案例探讨

大溪木艺生态博物馆因于筹备阶段即已将社区参与纳入公共政策之规划与设计中，故可避免许多如黄金博物馆或猴硐煤矿博物园区所面临之公私部门冲突与矛盾。

展望未来，如何将生态博物馆之实体空间与整体园区进行有效联结与整合，特别是目前老街区之文化资产、木艺店家、商业设施及观光人潮皆高度集中于和平路，生态博物馆之两处馆舍则皆位于另一侧之普济路上，且在目前假日实施和平路车辆管制之措施下，许多游客系由和平路尾之石板古道进入老街区；是故，未来应透过导游解说、自导式导览系统或街区道路指针，先将外来访客引导至生态博物馆之实体馆舍（第一阶段为大溪小学日式宿舍，第二阶段再扩及大溪警察局宿舍群），针对生态博物馆之整体范围与文化价值及内涵，透过展示设施与志工解说进行全盘了解后，再前往各文化据点进行参访、学习及体验，目前推动中之街角博物馆，以及既有与未来之历史资产活化据点也可于此架构下持续推展与扩大。

至于如何让社区居民对于此一生态博物馆产生强烈的归属感，甚至认为这是"我们的博物馆"，而不只是政府部门在此设立之另一处文化设施，则需要在经营管理层面上，让社区居民有更多的参与讨论的机会，乃至实际投入工作之空间与可能性；桃园县政府在2014年底后已设立一个直属于桃园市政府文化局之博物馆机关，负责博物馆之营运工作，因博物馆馆员进用皆有一定的程序及标准，故无法强制由在地人员担任，诸如清洁、保安等工作，也需依照规定委托符合资格之厂商推动办理，故除可鼓励地方企业积极参与投标，以及要求得标厂商提高在地人员的雇佣比例外，更可主动与长年关心及投入地方事务之民间组织共同筹组解说志工队，由专业团队推动资源整合平台，也可转型为常态化之博物馆管理委员会，邀请社区里长、社区发展协会理事长、地方组织干部、热心居民、学者专家共同担任委员，除针对重要议题进行讨论与决策外，亦可参与各项馆务推动，如此一来，不但可望逐步落实生态博物馆以在地居民为主体之核心理念，也可借此将在地居民转化为广义之博物馆馆员，有效补足馆员人数不足之局限与困境，并将有限之馆务运作经费进行最有效之投入及运用。

五　个案研究三：土沟农村美术馆

（一）案例回顾

土沟农村美术馆系由土沟农村文化营造协会于居民生活之台南市后壁区土沟里筹设的，该协会成立于 2002 年 4 月 17 日，初期以居民自力营造社区环境作为主要工作内容，陆续于村（里）内之不同聚落设立多处小公园（曾旭正，2013：23）；这在台湾社区营造工作初期，鼓励以环境绿美化改善生活环境，透过看得见的成果，让居民借以建立自信心与尊荣感，相当雷同，此一案例之独特之处在于，后续结合许许多多的艺术家、学术团体、民间单位共同前来参与艺术空间营造及艺术作品创作，部分参与者甚全最后到此落地生根，在此居住与工作，历经长达十年之持续酝酿与累积后，方促成土沟农村美术馆在这片土地上开花结果，并于 2012 年 12 月 16 日正式开馆。

换言之，除却社区居民外，推动土沟农村美术馆之最主要两股外来力量，系来自嘉义市之石雕艺术家侯加福，以及由台南艺术大学建筑艺术研究所曾旭正带领之师生团队（简称南艺大团队）。

侯加福于 2002 年受到协会邀请前来打造一座展现农村"水牛精神"之公共艺术,故与土沟结缘,除持续参与土沟社区之艺术行动外,更在 2008 年于此地打造一间名为"土沟艺术工寮"的工作室,更加深化与土沟的关系,并成为持续推动土沟艺术空间营造的重要推手之一;南艺大团队则在 2004 年夏天,因为教育事务主管机关之"建筑设计创意学养计划",由曾旭正带领学生进入土沟,开始配合当地的营造脚步展开真实情境的学习,并持续参与及推动"水牛起厝行动""猪舍文化空间艺术改造行动""竹仔脚聚落艺术改造行动""乡情客厅公共空间艺术改造行动""土沟艺术工寮""水水的梦环境运动""土沟牵手路艺术空间改造行动"等(吕耀中,2008;陈昱良、黄鼎尧,2013:166~167),后续影响其他学校团队及热血青年陆续参与其中。

南艺大团队之部分成员选择土沟相关之议题撰写硕士学位论文,截至 2013 年底,已有 9 人完成论文并取得学位,研究内容涉及:社区营造、艺术创作、景观变迁等,另与多数研究生在写完论文就离开研究场域不同的是,在此案例中,部分学生毕业后选择持续留在土沟设立公司,并呼朋引伴共同加入,虽然位处乡下较不方便,但可节省租金,并因纯朴乡间环境激发创作灵感,其中比较重要的单位包括:同属优雅农夫部落之优雅农夫艺术工厂(耕艺耘术有限公司)、优雅农夫田园野趣(田园野趣有限公司)、优雅农夫音乐工厂(无限回声有限公司),以及水牛设计部落有限公司、水牛建筑师事务所等,除优雅农夫音乐工厂及水牛建筑师事务所,其余单位之主要负责人皆为台南艺术大学建筑艺术研究所毕业生，凸显与其他建教合作模式之明显差异，也以此启动后续发展之不同可能性，特别是对于推动土沟农村美术馆，更具有关键性的因素与影响力。

陈逸杰曾撰文建议暂时以"生活环境博物馆"（日本对于生态博物馆的另一个用语）的概念来检视"土沟农村美术馆"，认为该馆并非以美术馆作为设置目的，而更在于彰显农村本身在某种程度上就是一处美术馆，并以此重新思索农村在面临产业结构改变下之可能的因应作为，并重新建立产业生态与农村生态的联结，也因此，该馆的重点在于人，而非物，美术馆需要什么，社区就提供什么（陈逸杰，2013: 26~27），此为土沟农村美术馆与生态博物馆的关系及其未来愿景与展望，进行了绝佳的说明与补充。

（二）案例探讨

此一案例之社区营造工作推展，虽然有南艺大团队与诸多艺术家长期性与持续性之参与、投入，方能有今日成果，但是，在地组织（特别是土沟农村文化营造协会）对于在地资源之熟悉度与掌握度，以及对于区域未来发展之主体性与主导性，还有对于政府及民间资源导入之评估性与选择性，都是很重要的核心因素；换言之，其他案例中即便有诸如南艺大团队之长期协力，但是，在地组织如不具备前述之必要条件，相关规划构想恐也不易落实及具体推展，更重要的是，此一个案发展至今，"外来团队"对于社区之影响力已经退居"第二线"或"第三线"，因为目前南艺大团队中持续参与的成员，其实多已于土沟社区落地生根，并由外来专业者转变为在地居民，故本来对于在地事务就有发言权，若能主动投入及参与，自然更是社区之福；是故，未来有关土沟社区之区域发展，乃至土沟农村美术馆之经营管理，其重点课题不在于南艺大团队之主导性或所占比重，而在于整体发展愿景及执行策略，能否得到更多居民之支持与认同，进而吸引更多居民共同参与投入，特别是当地家庭之年轻生力军，能否因外来者皆已选择到此成为新住民，也能逐步考虑留乡或返乡经营自己的人生，并同步投入社区工作推展，这才是最重要的课题。

由社区组织自发筹设之土沟农村美术馆，已更趋近以社区居民为主体之生态博物馆，但是，如何迈向可持续性发展，则是另一个必须审慎思考的重要议题，诚如前述，此一案例之独特性与关键性在于年轻成员之参与投入，除却前述南艺大团队成员之在地创业外，许多热血青年之劳力与智力付出，也是相当重要的关键所在，当然，后者之维系与经营，将有赖社区营造过程、成果之感受性与共鸣度，以及相关活动策划与资源联结之细致性与效益性。

此外，土沟农村美术馆初期不收门票，户外常态开放，但接受团体预约社区导览（1次2小时，1台游览车2000新台币，因该馆范围大，可预约脚踏车，1台50新台币），唯平日仅限学校团体，另外1年举办一次大型展览及不定时之展演活动；然而，依据该馆脸书公告资料与笔者于2014年8月29日透过脸书及同年8月30日透过团体预约咨询专线咨询结果，该馆自2014年8月31日起开始销售"土沟2014农村艺术季"之"PASS券"（全票150新台币，40人以上团体，开展前 9 折，开展后 95 折），也就是室内展馆之入场券，唯室内平日仍不开放，除非有团体一次购买 40 张以上之入场券，显示既有之营运模式已逐渐在调整当中。

由此观之，此一理想性很高的美术馆，也正逐步思考许多实务方面的课题，例如馆方本身之财源收入，以及社区居民如何透过美术馆之营运，创造新的经济产值，从网络及媒体之惊人营销力量来看，土沟农村美术馆之口碑与知名度也在持续升高与累积中，加上社区无法设立围墙进行人员管制，恐怕也无法阻止大众旅游之团客持续涌入，如何在维持美术馆之核心价值的前提下，解决伴随着游客数量持续提升而出现的垃圾、噪声问题，日益增加的观光客之"凝视感"，还有外来投资客及开发商对于地域环境之潜在压力，这些都是馆方必须因应及面对之重要课题。

图 7-6　土沟居民合力完成之大型稻草水牛装置艺术

土沟农村美术馆在台湾地区之社区营造或博物馆发展史上，即便不是空前绝后，也绝对是独一无二，该馆无论在社区营造的扎实度、跨域合作之细致度、艺术空间营造之美感度，都是可圈可点；不过，此一案例生成，有着许许多多的必要及配套条件，特别是土沟农村文化营造协会经与台南艺术大学之长期合作，吸引部分成员转变为社区居民，并持续关心及协力相关工作开展，已然成为台湾社区营造及生态博物馆推动之经典案例，虽不尽然可以完全学习与模仿，但是，对于此两领域而言，确已提供重要之启发与启示。

六　研究结论

诚如前述，猴硐煤矿博物园区、大溪木艺生态博物馆、土沟农村美术馆三个案例，在生态博物馆之核心命题——居民参与面向上，呈现由政府部门主导、着重公私协力，以及以居民为主体之不同发展定位。

除可以此见证台湾地区生态博物馆与社区营造紧密联结之独特背景，笔者亦尝试据此针对已迈向第三个十年之社区总体营造政策，特别是针对社区营造与公共政策之互动模式，提出新的愿景与展望，分述说明如下（见图7-7）。

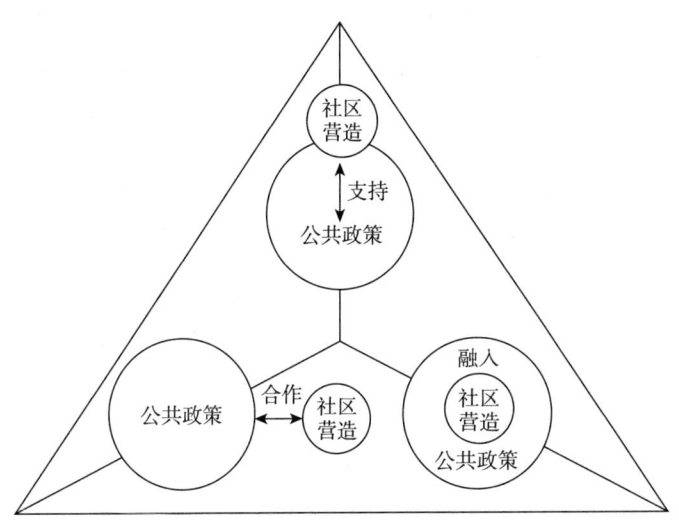

图 7-7　社区营造与公共政策互动模式示意

（一）合作：强化社区营造与公共政策之衔接与整合

1990 年，瑞三煤矿停止开采后，猴硐地方人士对于如何保存当地丰富之煤矿产业遗产，并借此为后矿业区域之没落及萧条，带来新的可能与契机，一直保持高度期待，如就结果而论，透过猴硐煤矿博物园区之推动与发展，的确在文化资产保护及观光旅游推展两大面向上，具有明显的成果与累积；不过，因应生态博物馆与地方环境及地域社会之高度关联，筹设及营运单位与地方社群的关系，初期因缺乏沟通，以及居民对于部分设计手法存在不同见解，社区内部出现负面声音，并在开园前夕跃上高峰，所幸在台北县社区营造中心之主动协助下，问题得到解决，近期因猫村运动推展所引发之在地生活质量与观光旅游发展的相互冲突，也在游客数量持续高涨的情况下，迈向新的高点，最后主导团队决定退出猴硐地区，最后峰回路转改由猴硐地方永续发展协会接手猫咪卫教倡导信息站管理工作，此为猴硐地区之地域经营与发展开启新的可能性。

此一案例揭示社区营造与公共政策结合之必要性与可能性，亦凸显地方议题之多元性及复杂性，经常会超越既有行政部门之专业框架，因此，跨部门及跨领域之相互合作，也就成为不得不思考及面对之重要课题，以猴硐煤矿博物园区之现况发展为例，因涉及文资保存、观光旅游、动物保护、经济发展、社会照顾等不同工作面向，若能善用由文化事务主管机关长期辅导县市政府设立之社区营造推动委员会及推动小组，透过信息交流强化不同部门间之相互理解，借此进行不同计划之整体评估与综合规划，避免落入挖东墙、补西墙，乃至见树不见林之发展困境，则可望回归社区"总体"营造之原始诉求，更有机会逐步迈向以在地居民为主体之地方施政思维及工作推展。

（二）融入：鼓励社区营造精神纳入公共政策之规划及推展

生态博物馆历经在地化之推展过程中，已由第一类型之外观形式，亦即以文化及自然遗产之现地保存，取代传统博物馆之文物典藏策略，迈向重新审视与省思社区参与价值之第二类型，是故，当桃园县政府着手大溪老街推动大溪木艺生态博物馆时，已明显跳脱黄金博物馆及猴硐煤矿博物园区之既有经验及发展困境；在前期筹备历程中，鼓励木艺匠师、在地店家、社区组织及居民积极认识与投入筹设工作，包括：街角博物馆之建立、举办各种民众参与活动及成果展示等，成为与博物馆实体空间设立同样甚至更为重要之工作内容。

当然，大溪木艺生态博物馆仍在初期营运阶段，未来成果如何也仍有待观察，但是，主政之地方政府，乃至接受各项计划委托之民间单位，主动及努力将社区营造精神融入相关工作规划及推展，并尝试建立一座具有强烈在地认同感之生态博物馆，对当前诸多公共政策推展，提供不同的思考面向与发展模式。

此一机制，除可持续运用于生态博物馆，也可于其他不同领域进行推展，诚如 Janet Vinzant Denhardt 及 Robert B. Denhardt 所言：政府角色应是"服务"，而非"划桨"或"掌舵"，因为，在新公共服务之理论架构下，行政官员并非其机构与计划的企业主人，因此不能独自决定什么对于社区最好（Denhardt, Denhardt, 2007: 152–153）；展望未来，在此瞬息万变之全球社会发展情境下，社区居民除了是接受政府部门辅导、协助与资源挹注之对象外，更应有共同参与公共决策之机会与权利，如何鼓励各部门将此精神纳入公共政策之规划与推展，赋予社区居民参与讨论，乃至共同决策之权利及义务，也应是下一阶段社区总体营造政策之重要课题。

（三）支持：扩大公共政策辅助社区营造迈向可持续性发展

伴随社区组织运作之日益成熟与稳健发展，也开始出现由民间主导推动之第三类型生态博物馆的成熟案例，相较于其他类似个案皆较偏向于理念层次，或仅停留在地方资源之串联与整合，土沟农村美术馆则以累积十年之地方美学营造成果，勇敢喊出"农村就是一座美术馆"之另类宣言，也透过持续推动之年度美术大展及各项艺文活动，鼓励更多社区居民、艺术家、青年学子之热情参与及投入，并让前项宣言日益实现。

中国生态博物馆专家苏东海曾经表示，在中国要发现一座生态博物馆并不困难，但是，要维持它却相当不容易（Su, 2005: 6），台湾地区过往也有为数不少之社区型生态博物馆提案，多数并未具体成形或落实，土沟农村美术馆除可提供此类型生态博物馆之发展典范外，也在多数农村最为缺乏之专业人力资源及营运资金来源两大面向上，提供宝贵之贡献与示范；是故，未来之社区总体营造政策，除却零星及片段提供社区组织需要之工作经费及相关资源外，更应积极辅助其开拓及建立未来发展之愿景与蓝图，土沟农村文化营造协会于2002年成立之初，或许无法想象十年后，会于协会成员所居住及生活之乡下农村，出现一座与现代都市等量齐观，甚至更为超越与前卫之"美术馆"，而这一美术馆对于营造社区生活环境质量，建构乡村美学之品位与价值，则是一路走来，逐渐酝酿、成形与持续推展之重要理念。

因此，如何鼓励更多社区能有机会以更为宏观之前瞻视野，尽情思索与探讨未来地域发展之崭新可能，并同步经由培力过程，学习与思考如何强化公私部门之资源整合，乃至主动建立长期性之协力伙伴关系，进而让前述之理想与理念，能够拥有滋养、茁壮，乃至开花结果的肥沃土壤，此为未来社区营造工作能否提升层次，大步向前迈进之关键与挑战。

参考文献：

台湾古厝再生协会（2013a），《102 年度大溪木艺生态博物馆推动平台执行案成果
　　报告书》，桃园县：桃园县政府文化局。

台湾古厝再生协会（2013b），《102 年度大溪木艺生态博物馆推动平台执行扩充案
　　成果报告书》，桃园县：桃园县政府文化局。

西村幸夫编著（2010），《大家一起来！打造观光城乡——从城乡之傲开始的地域
　　管理》，王慧娥等译，台北市：《天下杂志》。

吕耀中（2008），《土沟农村艺术历程——六年的艺术改造之路》，引用于 2013 年
　　11 月 9 日，取自创意 ABC 网站 http://www.ncafroc.org.tw/abc/community-content.
　　asp?Ser_no=191。

高庆荣（2014），《大溪三手微市集实践老空间新思维 7/12 建成商行热闹登场》，引
　　用于 2014 年 8 月 22 日，取自桃园新闻网 http://tnews.cc/03/newscon1_142419.
　　htm。

陈昱良、黄鼎尧主编（2013），《土沟农村美术馆》，台南市：土沟农村营造协会。

陈逸杰（2013），《农村本身就是一处美术馆》，载于陈昱良、黄鼎尧主编《土沟
　　农村美术馆》，台南市：土沟农村营造协会，第 26~27 页。

曾旭正（2013），《发现农村美术馆》，载于陈昱良、黄鼎尧主编《土沟农村美术
　　馆》，台南市：土沟农村营造协会。

蔡宗雄（2014），《工业遗产旅游发展与社区的关系；新北市立黄金博物馆经营迈
　　向第十年》，《新北市立黄金博物馆学刊》2014。

兰阳博物馆（2012），《兰博使命》，引用于 2014 年 10 月 3 日，取自兰阳博物馆
　　官网 http://www.lym.gov.tw/ch/About/mission.asp。

兰阳博物馆（2013），《兰阳博物馆开馆三周年宜兰博物馆月启动》，引用于 2014
　　年 10 月 3 日，取自兰阳博物馆官网 http://www.lym.gov.tw/ch/News/content_
　　d.asp?k=72。

Denhardt, J. V., Denhardt, R. B. (2007). *The New Public Service: Serving, not Steering.*
　　Armonk, New York: M.E. Sharpe, Inc.

Su. D.H. (2005). The Establishment and Sustainable Development of Ecomuseums in
　　China. in Communication and Exploration Guiyang, China 2005. Giunta Della
　　Provincia Autonoma di Trento, Trento, Italy: 5–6.

社区大学对市民社会形成的施力与阻力

黄世辉

　　日本千叶大学自然科学学术博士、日本筑波大学艺术学硕士、台湾成功大学工业设计系学士。现任台湾云林科技大学创意生活设计系与设计学研究所教授兼设计创新技术研发中心（设创中心）主任、台湾社区营造学会理事长。曾任台湾云林科技大学文化资产维护系所所长等职。专长于设计文化、产品设计、文化（创意）产业、工艺研究、社区营造、地方文化馆研究、展示设计。著有《社区自主营造的理念与机制》《云林县社区营造启动手册》《台湾早期工艺产业的发现与推广——探讨颜水龙工艺振兴工作》，编著《坐看停云：漫步云林文创的幸福手札》《2015云林县地方文化馆与文化生活圈论坛成果专辑》，参与写作《落地生根：台湾社区营造的理论与实践》《开枝散叶：台湾社区营造的捕梦网》等。

邱勇嘉

云林科技大学设计学研究所博士生

文章导读

社区大学在 1990 年代的倡议阶段就已经提出"知识解放""市民社会形成"等具体的主张，其中对市民社会的关心可以说是社区大学不同于市场上的才艺教室的特色所在，也是社区大学的核心精神之一。然而实际上社区大学在推动市民社会形成方面，与社区营造在社区中的推动有类似的遭遇，那就是社区居民或学员对庙会祭典以外的公共议题比较冷漠。

社区大学在公共议题上推动的困难，表现在学员及讲师的身上。对于许多学员而言，选择社区大学的生活艺能课程，主要就是要学习才艺、运动或舞蹈以健身为目的，如果生活艺能课程也要跟社区营造结合，似乎只会增加学员的负担；对于许多讲师而言，在社区大学开课，是在市场上开课的另一个选择，也有某种程度的荣誉感，但如果课程也要跟社区营造结合，似乎这些不是讲师原本擅长的事情。

在这种情形下，市民社会相关的课程往往成为少数，仿佛社区大学中有两个世界，一个是"善其身"的快乐学习世界，另一个是"善天下"的愤青世界，这两个同在一个时空的世界如何交融，成为社区大学经营者头痛的课题。

在社区营造的推动过程中，从美国到日本等都发展出居民可以快乐参与的工作坊手法，剧场、绘本、彩绘、公共艺术等，艺文与社区的结合已经有许多实例，这些手法都可以借镜到社区大学的课程中。此外，社区大学前往社区开设分班，将社区所面临的课题当作课程的主题，也可能是突破市民社会难题的方法之一。

本文旨在分析社区大学在推动市民社会上的施力方式与阻力情况，研究归纳出三点：①有推动地方研究的社区大学，但地方研究的成果累积却还十分有限；②有结合地缘社的社区大学，但工作人员忙于教务与学务工作致使陪伴社区数量有限；③有创造议题社群的社区大学，但能够持续进行深度讨论的议题社群仍然有限。

一　市民社会中的社区大学

近几年来，台湾地区的社区大学在各县市如雨后春笋般创立，至2015年为止，社区大学已经将近有83所之多，并仍持续增加中（"社团法人社区大学全国促进会"，2014）。由于1987年解除"戒严令"，台湾地区开始纷纷成立民间社团，民众开始对于社会议题感兴趣，因此社区大学在1990年代的倡议阶段就提出"知识解放"等具体的主张，其中对市民社会的关心可以说是社区大学不同于市场上的才艺教室的特色所在，这也是社区大学的核心精神之一。

台湾地区第一所社区大学成立于1998年9月28日，于台北市的文山区成立，以深化民主、重建社会、培养现代市民，且以鼓励民众参与社区的公共事务为主要宗旨（台北市文山社区大学，2014），然而至今社区大学的学员似乎比起社会议题更关心自身的身体实践。许多联合国教科文组织的教育机构也纷纷开始探讨社会教育的意义，其主要关切点在于一个国家/地区的社会教育政策是由社会的哪一个部分推动的？是市场的需求还是国家/地区经济的考虑，抑或是社会的需求？这些点都是值得我们深思的，然而市民社会是由家庭、社区、信仰团体、非政府组织、社会运动、文化及媒体组成，我们需要由内而外地来发展社区，我们必须视自己为共学者与社区一同成长，而不是专家，从社区里学习以及与社区居民共同学习，这才是社区大学的本质。

因此社区提供了社区大学这样一个空间，而社区大学提供一个社会空间，透过社会行动，帮助学习者成为积极的知识生产者，本文针对社区大学与社区营造之间的关系绘制成关系图（见图8-1），其说明community在中文字义上可解作"社区"或"社群"，社区一般指称一个地域性的范围，社区大学与社区营造二者之间的交互作用在于社区资源的运用，且有着共通点，因此本文将从台北市文山社区大学、云林县山线社区大学及台南市台南社区大学台江分校三个案例来探讨。许多社区大学所推动的公共议题是困难的，对许多学员而言，选择社区大学的生活艺能课程，主要就是要学习才艺、运动或舞蹈，但我们是否观察到这跟当初成立社区大学的本意是有落差的，"社区"是社区大学中最大的特色之一，如果社区大学的课程或是议题中没有好好利用并发挥这个特色，就和一般大学没什么两样了。

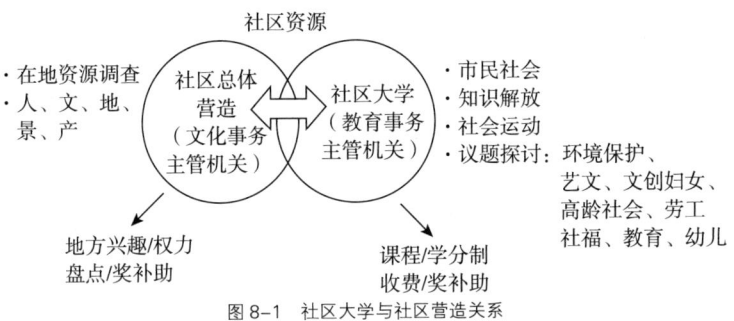

图 8-1　社区大学与社区营造关系

　　台北市文山社区大学集结了民间组织的力量，并成立了"台北市社区大学民间促进会"，由于文山社区大学的诞生来自民间教育改革人士的推动，与学术界、社运界、社区人士还有地方民众的共鸣与支持，其办学的理念与课程设计依据的是黄武雄教授所倡议的解放知识、建立市民社会的理念，设计学术、社团与生活艺能三大类课程，强调建立一个属于平民大众的高等教育场域，迎向市民社会的来临。办学目标系以现代市民养成教育为主，而非学术精英教育，因此向过去没有机会进入大学的民众提供，使其接受具有大学质量的知识性教育；养成参与现代社会事务的能力，并以此为其努力的方向（台北市文山社区大学，2014）。

　　云林县山线社区大学是由斗六与斗南两个社区大学教学中心转型结合的，其主要的理念在于利用贴近民众学习之课程，达到在地知识累积的目的，激发民众学习的自主性，以提升公共参与及落实终身学习，因此课程的设计针对"学术性课程""生活艺能性课程""社团性课程"三大类别课程,并深耕发展"社造与产业学群""乐活与社福学群""农业与环境学群""生活技能学群""艺术与美学学群"与"语言与文化学群"六大学群机制(云林县山线社区大学,2014)。

台南市台南社区大学台江分校是由庄头庙台江海尾朝皇宫与台南社区大学共同创立的,将地方的信仰中心改变成社区学习的空间,并秉持庄头庙主神大道公(保生大帝)保生济世,以及书塾学堂的民间教育精神,实践大庙兴学,让民众学习在地的特色,利用文化、艺术与学习的力量,进一步了解社区,让生活与社区变得更美好(台南社区大学台江分校,2014)。

二 "解严"后社会与政治对社区的关心

自古以来,人类从飘忽不定的游牧生活,逐渐过渡到居有定所的农耕时代,同族人民聚居形成部落,开始了最初的社会形态。什么是"市民社会"?哈伯玛斯(Jürgen Habermas, 1991)在《公共领域的结构转型》(*The Structural Transformation of the Public Sphere*)一书中提到,将18世纪兴起于俱乐部、咖啡馆、报纸、杂志等集合了民众意见的公共论坛称为"公共领域"(public sphere),也就是说民众拥有表达与沟通、交流意见的自由,"公共领域"是通过形成民意获得共识的社会生活领域。因此市民社会的特征应是市民经由讨论、学习、交流及参与,可以影响社会,甚至主导某部分社会的公共政策,并塑造自己周遭的公共环境，累积起来可展现社会多元、活泼的新文化，并形成新面貌。

然而"解严"后的台湾地区社会，一方面，经济顺利发展应运而生大量中产阶级，这些中产阶级所领导的新兴社会运动共同孕育了市民社会在台湾地区崛起的土壤，而这股逐渐成形的市民社会力量，在1990年代具体反映在社区自主风潮上。前文建会主委申学庸于1993年10月正式提出"落实对于社区意识及社区伦理的重建"概念与计划，这使得"生命共同体"的概念得到重大的发展。随之在1994年10月，文建会首先提出"社区总体营造"理念，以文化重建的角度看社区，促进社区居民的自觉与动员，并重建人与人、人与环境、人与社区的新关系，进而带动地方社区的全面改造与发展（林信华，2002）。

这样政策的发展，一方面，避免因应过去发展政策主导下，一味追求经济成长所造成的人际关系冷漠和精神贫乏问题；另一方面，社区文化环境在社会的转变下，让民众更贴近社区环境，最终亦凸显相关机构对于地方社会资源的重视，期望借由社区意识的凝聚与对地方文化的探寻和重建，形塑台湾人民的认同意识。

台湾地区在1980年代各种社会力逐渐被释放，环境、妇女、劳工、农民、教改、消费者、新媒体改造、社区营造等运动皆风起云涌，许多民间组织纷纷成立，如新港文教基金会带头让新港人踊跃参与公共事务，并关怀社区发展，齐力营造一个和谐、健康、美好的市民社会。但到了1990年代后期，各种社会运动似乎失去着力点，过去在台湾地区引起注意的运动方式显然已过时，社运人士需要扎根于社区，在社区厚植市民社会，如台湾地区文艺季转变地方文化位阶，另外，还有社区大学的加入。因此社区大学以针对市民社会的形成为目标，对于公共性的形成除了借助社区营造的精神外，还必须拥抱社区、结合社区、把社区当成教育的场所、把社区当成学习的对象、在社区中建立学员与社区的互动、关心社区的社会议题并及将课程与社会议题结合，只有这样才有办法借由社区大学课程刺激社区居民对社区公共事务更加关心、参与和付出。

三　社区大学与"文化公民权"

社区大学可从民间教育改革人士的倡导开始，并与当时所推行的社区总体营造、社区意识的唤醒与认同，以及终身学习运动的兴起有着相当程度的关系。社区大学不同于传统学校所传递的套装知识，其将人们所认识的整体样态，抽离个人特殊经验，留下公认的材料，编制成客观化、系统化、标准化的知识体系，即为教科书上的知识。套装的知识会抹杀个人经验，强调经验知识。不同于传统学校，社区大学非精英教育，而以重构知识为基础，从事经验交流与互动。

（一）"文化公民权"的展现

社区大学强调的是"文化公民权"的施展，Bryan Turner 指出，随着全球化，我们必须重新整合"文化的公民权"（cultural citizenship）的实际内涵（Turner, 2001: 12）。因此文建会也在 2004 年提出"文化公民权运动"的政策概念，主要在于台湾当局及地方政府有责任提供足够的文化艺术资源给民众学习，以满足各地方的市民文化共享的需求，这也被称作"文化教育"或者"社会教育"。全体人民对于像这样的文化艺术活动、资源、资产与发展，亦应承担起参与、支持、维护与推动的责任，进而落实每一个人在文化艺术与审美资质上的提升（陈其南、刘正辉，2005）。

　　二十年来社区总体营造的推行，逐渐让社区民众注意地区性公共议题并积极参与，且利用各种培育课程、社区资源调查等方式，重新构筑社区的自我认同与社区的集体意识，进而透过群族的力量，共同推展在地的产业发展、社会福利、老人照顾、生态保育等相关工作。然而推动这样的"文化公民权"运动，除了希望台湾人民能够成为积极参与公共事务、善尽责任与义务的人士外，更希望其能成为喜欢文化、深具艺文素养的"文化市民"。

（二）社区大学的"文化公民权"

　　社区大学综合"文化公民权"的概念，将"文化市民"的概念融入课程当中，我们可以看到不管是台北市文山社区大学、云林县山线社区大学及台南社区大学台江分校的课程皆融入"文化市民"的概念，如台北市文山社区大学的"微笑单车乐水行"让学员从骑乘单车中认识文山区的自行车道设置；云林县山线社区大学的"莿桐孩沙里社区的音乐性课程"，一方面延续地区性的婚丧演奏，另一方面也结合社区，让学员到孩沙里花海季演出；台南社区大学台

图 8-2　台北市文山社区大学（照片提供：
台北市文山社区大学）

图 8-3　云林县山线社区大学的学员于草地市集表演
（照片提供：云林县山线社区大学）

江分校行动教室的课程，让学员从骑单车中认识自己的社区文化，如卜平安龟、绑扫帚体验等。就这三所社区大学的案例来看，它们都试图引进有机知识分子[①]及促进市民社会的形成，让课程融入社区，让学员自发性地认识自我的社区。也就是说，社区大学主要是帮助社区的学习者读他们的世界（world）而不是读文字（word）。

从社区大学所开设的课程中我们了解到，云林县山线社区大学及台南社区大学台江分校的课程是直接设置在不同社区的，这样不仅运用了社区资源，也可让当地的民众都能有机会行使"文化公民权"，如云林县山线社区大学会到云林中学、儿童馆、他里雾绘本馆上课，使用社区资源进而认识社区；台南社区大学台江分校到海尾朝皇宫椪舍学堂、安顺中学、溪心里活动中心上课；而台北市文山社区大学则因台北市空间使用不

---

①　有机知识分子（organic intellectuals）意即反对现有机制的新兴团体成员，这些人的主要任务是要为先前受到压抑的团体发声，有机知识分子经常积极研究传统知识分子的意识形态，以便了解并说服他们，试图最终使他们转换立场，成为有机知识分子的成员。

易，所以大部分课程都是在景美中学或木栅中学讲授，只有如文山茶体验、与鸟共舞的课程中会有户外课程走入社区。让课程融入社区，主要的目的还是在于让学员多认识自我居住的环境，让学员自发性地认识自我的社区。

因此，从案例探讨中我们可以提出一个"文化公民权"的洋葱理论，当洋葱一层一层地剥开，越靠近中心的应该是我们所要追求的核心价值，也就是文化及社会教育的"文化公民权"，但许多社区大学仍停留在第一层的阶段，若要让学员自发性地认识社区，则还有好几层必须探讨，值得我们再去深思。

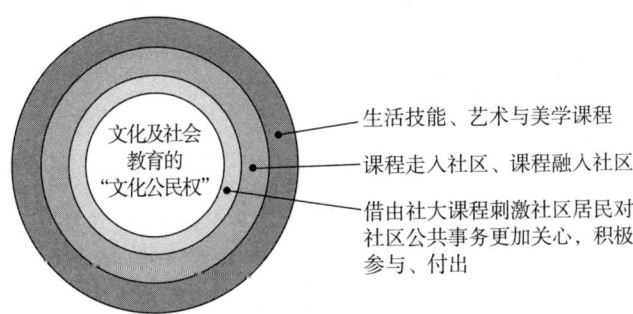

图8-4 "文化公民权"的洋葱理论

四 社区大学的价值与机会

"无米乐"导演庄益增曾在一场映后座谈会中提到，"无米乐"的精彩来自对于土地的情感，以及台南市后壁区菁寮里这四位长辈丰富的生活经验与精彩的对话，若无这样丰盛的土地纪事与人生智慧，也就没有机会感动这么多生活于不同地方及不同条件下的台湾地区民众，无法播下各种各样的小小种子，无法预期其某天会长成浓密绿荫，或结下影响个人及社会发展的珍贵果实。因此经访谈三所社区大学后发现，这就像教育一样，大家对于社区大学的经营，都在于播下希望的种子而期盼有一天影响市民社会，想改变地方特色就要从自己所居住的社区一点一滴地改变，这才是社区营造的精神。

（一）社区大学的价值

这三所社区大学课程的设计主要围绕如何开始关心我们的社区，本文由台南社区大学台江分校发现几个特点。

1. 社区大学与庙宇结合

曾经只有信众参拜的传统庙宇，如今成为一处充满书香气息的教育与文化重镇。台南社区大学台江分校是由台江海尾朝皇宫与台南社区大学于 2007 年共同创立的，此举促成了庙宇知识与课程的融合，包含了对庙宇建筑及园林的探讨，如"一起来盖台江公共建筑"；工艺美学的课程，如生活陶艺；无形文化资产的课程，如台南社区大学台江分校推动"文化建醮"，鼓励大人与小孩，运用民间信仰的习俗及文化，重新认识庙宇文化。因此昔日仅有阵头、神轿出现的迎神仪式中，现今亦出现社区大学学员表演肚皮舞和演奏二胡的场景，成为一场融合传统与现代的"台式嘉年华"。

2. 青年志工培养

台南社区大学台江分校成立了大庙兴学志工大队，借由地方上传统庄头庙的认同与网络，发起一场台江在地新生活文化的学习运动。不仅让志工借由参与公共事务认识社区，且让在地的青少年在骑行的乐趣当中认识流域环境。

3. 串联河川环境社群

结合大庙、社区，培育山海圳绿道志工群，举行河川会议，搭设台江河川治理的参与管道，建立"公私协力治理"的平台；且举办"河川 NGO 智库会议"，联合高等教育机构与在地中小学、社区大学等，建构台江地区的"流域知识库"。

与台南社区大学台江分校之案例相对照，云林县山线社区大学所推动的方式又不太一样，本文列出以下几个特点。

1. 未来家园计划走入社区

云林县山线社区大学利用教育部信息及科技教育司所执行的"未来想象与创意人才培育中程个案计划"，以"前市后村"文创生活圈之概念，利用云林草地创意市集，以社区教育的学习与艺文空间的展示等多元方式，让社区大学师生展现学习能量、回馈社区。

2. 社区回馈

通过举办活动回馈社区，除了鼓励云林县山线社区大学师生走出户外，展现学习能量之外，还邀请社区民众一同加入云林县山线社区大学的学习行列。

3. 公共参与

云林县山线社区大学利用许多课程讲座，如"蕉农进行曲 – 土地的实践力""农村好居住，文化好生活"，走入社区，让社区的居民也能一同来探讨。

台北市文山社区大学位于台北市，属资源较为丰富的地区，本文在研究过程中发现以下几个特点。

1. 环境保护

台北市文山社区大学将环境保护议题融入课程当中，透过课程的设计与整合，学员在选修这些课程中得到丰富的环境保育概念。试图培育更多具有环境意识及行动力的社区志工与种子讲师，为建立人与自然共存的环境而努力。

2. 生态导览员培养

利用课程参与的方式，让学员认识生态公园的建立与发展，并以木栅公园为例，让学员了解维护野生动植物栖息空间的重要性与方法。

3. 地方文史

台北市文山社区大学集结一群对文山区这块土地有研究兴趣的学员，学习的内容从文山区的历史到遗址，以社区为核心，让课程和社区产生联结。

（二）社区大学的机会

从三所社区大学探讨下来，我们发现社区大学都有自己的办学特色，但如何让社区大学的课程不像是商品的存入呢？若我们把知识像商品一样存入学习者的头脑中，那么这种教育是驯养式的教育，它是再制造，不是解放，也违背了社区大学促进知识解放的本质。因此我们可以从三所社区大学的研究归类出以下两个特点。

1. 地缘社区

三所社区大学的共同点就是，结合在地社区的资源，且融入课程当中。例如，台南社区大学台江分校是由台江海尾朝皇宫与台南社区大学共同创立的，旨在将庙宇知识融入课程且关心公共事务。

2. 议题社群

三所社区大学所关心的公共议题似乎不太一样，台南社区大学台江分校关心的是河川环境议题；云林县山线社区大学关心的是文创生活议题；台北市文山社区大学关心的是环境保护议题。

此外三所社区大学所做到的程度亦不太一样，台北市文山社区大学将所关心的议题及社区问题放入课程当中，但这样的手法只是社造本来就会采取的手法；云林县山线社区大学则是将社区的议题放入课程当中，且让所有课程在举办活动之际到社区展现成果，以此来回馈社区，让居民参与，这样的手法与社造的关系较为薄弱；而台南社区大学台江分校是以"大庙兴学"为口号与策略，借由当地的传统庄头庙民众的认同与联结网络，发起台江在地的生活文化学习，将课程走入社区与社区议题做结合，唤起每个台江人的记忆，这也是维系台江人认同根源之所在。这样的手法似乎才是社造 20 年所欲见的手法，利用社区大学的力量，不仅做到文化扎根，且让社区居民认识社区，关心并参与自己的社区。

五　结论

　　台湾地区的社区营造走过 20 余个年头，社区大学运动也走过 17 年，从农村扎根地方，开拓更多具有地方文化特色的深耕文化运动，主要提高先民适应环境的能力，进而将生活特色延续下去，社区大学运动者推动保存在地风土知识、记录地方人文生活特色的"地方学"运动。从美国到日本等，皆发展出在地居民快乐参与的工作坊手法，如地方剧场、绘本、彩绘、公共艺术等，艺文与社区的结合已经有许多实例，这些手法都可以被借镜到社区大学的课程中。当社会众多成员重新建立起"属于每个人自己"的世界观，重建社会的新文化与新秩序，便是不言而喻的结果。一般大学与社区大学的不同之处在于前者往往只做纯知识的探讨，对实际的社会问题并不重视，也无法融入社区。而社区大学的学员是真正立足在"社区"的基础上，并尝试与社区做实质上的互动，但与社会相关的课程往往只为少数学员所喜爱，仿佛社区大学中有两个世界，一个是"善其身"的快乐学习世界，另一个是"善天下"的愤青世界，究竟这两个如何在同一个时空的世界共存，成为社区大学经营者头痛的课题。因此对于社区大学如何影响市民社会的形成，我们从案例中可以归纳出几项论点。

　　（一）推动地方研究的社区大学：但地方研究的成果累积还十分有限

　　社区大学应该是地方学、地方研究的重镇，社区问题与资源的系统挖掘、研究和整合，都应该由各社区大学进行。本文所提的三所社区大学都有与地方文史相关的课程，但其数量在每学期开课总体中所占比例并不高，因此多年累积出来的成果数据仍然十分有限。

（二）结合地缘社区的社区大学：但工作人员忙于教务与学务工作致使陪伴社区数量有限

就台北市文山社区大学、云林县山线社区大学及台南社区大学台江分校三所社区大学来说，每一门课程都可以是培力造人的行动，从每一个角度都可以切入做社区营造。社区大学推广"知识解放""市民社会形成"等具体主张，主要还是在于自我环境的认识与认同，而社造的社区资源调查，也是为达到对自我环境的认识与认同，因此两者的理念若能互相交错，就能真正成为市民社会的促成者。三所社区大学的共同点就是，结合在地地缘社区的资源，将其融入课程当中，社区营造也就是要让社区居民认识自己的社区，因此利用社区大学的课程与资源让学员能够认识乡土之道，包括人和水的共生互存、自然环境与历史变迁的并存、生计产业与自然资源的可持续利用、人与故乡的情感自然融合等，这些皆符合社区营造的精神。因此，社区大学表面上除了开设具有社区营造精神与做法的课程，也借由课程持续深入地缘社区，扮演社区陪伴与培力的角色。但实际上，社区大学的工作人员平时忙于教务与学务等工作，能够实际进行社区陪伴与培力的人力十分有限，真正被陪伴的社区数量也极为有限。

（三）创造议题社群的社区大学：但能够持续进行深度讨论的议题社群仍然有限

社区大学的课程从知识技艺的传授为主，转变成借由社区大学课程刺激社区居民对社区公共事务更加关心，并积极参与、付出，因此，如何将社区议题融入课程的设计当中，是社区大学必须与教师进行探讨的，而如何利用课程的设计做到社区议题的探讨，且让学员自发地参与公共事务，也是本文所欲探讨的。创造议题社群的社区大学，才是社区大学的本质，即"知识解放"与"市民社会的形成"，这也是社造一直努力的方向。有些社区大学的经营者具有社区大学的背景，也有社区营造的背景，因此不管是在人脉上，还是在社区议题的推动上，都能快速地进入状态，但不论何种，其最终的目的还是在于社会改造，如果能让更多人加入公共议题的讨论与参与，将会使社会转变得更美好。因此，社区大学对社会运动的参与，不是为了反抗而反抗，而是为了促成台湾地区社会环境的改善。议题社群需要配合社会变化，也需要有人带领持续深入讨论议题，但由上述探讨可见，目前能够持续进行深度讨论的议题社群仍然有限。

为了促使社区大学在市民社会的养成中扮演更实际也更重要的角色，社区大学的体制需要有新的调整，使一部分的人力可以从日常教务与学务中脱离，专门从事"地方研究数据库经营""社区问题解决型分班""议题社群经营协力""课程社造化"等革新工作的推动。

参考文献：

林信华（2002），《文化政策新论：建构台湾新社会》，台北：杨智文化事业股份
　　有限公司。

"社团法人社区大学全国促进会"（2014），《成立缘起》，引用于2014年9月10日，
　　取自"社团法人社区大学全国促进会"，http://www.napcu.org.tw。

陈其南、刘正辉（2005），《文化公民权之理念与实践》，《国家政策季刊》4（3），
　　77~88。

云林县山线社区大学（2014），《校务行政》，引用于2014年9月10日，取自云
　　林县山线社区大学官网，http://ylsxcu.yuntech.edu.tw/。

台北市文山社区大学（2014），《关于我们》，引用于2014年9月10日，取自台
　　北市文山社区大学官网，http://www.wenshan.org.tw/。

台南社区大学台江分校（2014），《关于台江分校》，引用于2014年9月10日，取
　　自台南社区大学台江分校官网，http://163.26.52.242/~private/。

Habermas, J.（1991）. *The Structural Transformation of the Public Sphere: An Inquiry
　　into a Category of Bourgeois Society*. MIT Press.

Turner, B. S.（2001）. "Outline of a General Theory of Cultural Citizenship," *Culture
　　and Citizenship*, 11–32.

农村社区导入农村再生计划之观察

柯勇全

　　德国波昂大学粮食及资源经济研究中心博士后、台湾中兴大学水土保持学系博士。现任"农业委员会"水土保持局农村建设组农村培力科科长。曾任"农业委员会"水土保持局综合企划组综合倡导科科长、台湾屏东科技大学水土保持系兼任助理教授、"建国"科技大学空间设计系兼任助理教授。专长于农村再生、社区培力、环境教育、青年参与、水土保持教育推广。

文章导读

　　农村再生条例之立法目的主要在于强调在地居民的参与，透过由下而上（bottom-up）的规划执行方式，改善基础生产条件，维护农村生态及文化，提升生活质量，建设富饶新农村。目前农村再生条例通过已经四年，全台已有超过 2000 个社区加入农村再生的行列，也有近三百个农村社区通过农村再生计划。本文借由观察 2009 年首批投入农村再生试办之 14 个农村社区，个别分析该 14 个社区在试办阶段、培根计划阶段、提出农村再生阶段及计划运行阶段等的发展过程，探讨农村社区在投入农村再生过程中所发生之变化及成果。

一　前言

农村发展一直是农业部门重要之政策内涵，过去农村发展一直以计划型方式被提出，持续在农村进行各项农村建设计划，包括农业综合发展示范村计划（1975~1979 年）、现代化农村发展计划（1979~1985 年）、农村住宅改善计划方案（1982~1985 年）、农村住宅及农村社区环境改善计划（1975~1991 年）、农村社区更新计划（1987~1991 年）、改善农村社区环境实施计划（1991~1997 年）、建设富丽农村计划（1998~2000 年）、农村新风貌计划（2001~2004 年）及乡村新风貌计划（2005~2008 年）等，在台湾当局的积极建设下，迄今大多数之农村在相关之环境改善上，已有大幅改进。

2009 年台湾当局为了推动农村再生政策，在农村再生条例出台之前，针对台湾地区 14 个农村社区进行试办，2010 年 8 月，台湾地区"农村再生条例"在各界瞩目之下公布实施，农村再生条例的通过，在台湾地区农村发展历史上占有非常重要的历史地位，除了设立 1500 亿新台币的农村再生基金专款用于农村发展之外，最重要的是将"由下而上"（bottom-up）的规划提案精神纳入规定，这一精神也衔接了 1994 年以来的社区总体营造精神，更进一步将整个农村发展脉络落实于农村再生计划之上。

随着农村再生条例之通过，本文希望能够透过观察当初第一批进入农村再生之社区，目前之推动及发展现状，以了解社区如何透过农村再生计划，改善农村之过程与内容，最后并提出未来可行之修正建议，以作为未来之参考。

二　现况及文献分析

（一）农村再生示范计划

为了推动农村再生政策，农业委员会水土保持局于 2008 年挑选 14 个农村社区，推动农村再生计划，透过征选之团队辅导社区的方式，找出社区的发展愿景，并协助撰写农村再生计划、建设申请等书面数据，期望从试办过程中找寻农村再生的轨道。该 14 个试办农村社区，其发展程度及条件不一，详见表 9-1。

表 9-1　农村再生计划试办社区之环境背景汇总

试办社区[①]	社区人口（人）	面积（公顷）	社区形态及特色
宜兰县冬山乡大进社区	1039	491	社区地形为河川冲积平原，有"蚊仔坑""小埤""淋漓坑"三处散居聚落，具有原住民与汉人同化相处的历史遗迹及石板屋、石头厝等人文景点

续表

试办社区	社区人口（人）	面积（公顷）	社区形态及特色
新竹县北埔乡南埔社区	515	308	山区客家聚落，属台地地形，村中有便利的水利灌溉系统——南埔水圳，有北埔乡谷仓之美誉
苗栗县头屋乡象山社区	1950	423.5	都市边缘集居聚落，社区内有象山孔子庙、玉衡宫、象山汉学书院等文化资产
苗栗县头屋乡外狮潭社区	2212	251	社区范围沿着后龙溪北岸、老田寮溪溪岸，区内有新聚落与旧聚落，旧聚落保存原始客家聚落的风貌
苗栗县三义乡双潭社区	1819	391.58	三义木雕产业之原乡，紧邻关刀山及西湖溪，保留客家聚落纹理及苦茶、仙草等量少质优之农特产品，木雕艺术及民宿，餐饮等休闲产业
台中县新社乡马力埔社区	2548	395	食水枓溪流经本区域范围内之中心处，马力埔为永源村的本部落，并有马力埔休闲农业区
彰化县大村乡平和社区	2538	137	位于都市边缘，具有丰富的自然与鸟类环境生态，除农业生产外，也拥有砖窑产业
嘉义县义竹乡光荣社区	1590	112	优良农业生产区域，区域内盛产稻米杂粮其相关蔬果，拥有极佳的农业发展环境
台南县白河镇汴头林子内社区	897	95	位于丘陵地，邻近白河水库，有白水溪大圳渠道，盛产水稻与水果，区内有水圳渠道、水库泄洪道
台南县后壁乡菁寮社区	2017	100	社区为传统生产型乡村与稻米文化代表，拥有菁寮黄宅、菁寮天主教堂等人文空间，并保有不少传统产业技艺及民俗与宗教活动
花莲县光复乡大全社区	959	386	社区有马太鞍湿地、环山步道、涌泉形成的芙登溪等自然资源
花莲县光复乡大和社区	1011	386	社区为平原地形，原有种植稻米及甘蔗之产业形态，现已转型朝向无毒农业发展。在地文化资源则拥有客庄聚落与蔗农发展背景等

试办社区	社区人口（人）	面积（公顷）	社区形态及特色
台东县鹿野乡永安社区	1815	282	位于花东纵谷南侧，区内多由丘陵地与冲积平原构成，农业灌溉水源充足，盛产包种茶（福鹿茶）、咖啡、菠萝、香蕉、稻米等农作物
台东县池上乡万安社区	1278	281	社区位于冲积平原上，为"池上米"主要产地，拥有稻米与蚕桑产业相关观光资源

注：农业委员会水土保持局于 2008 年挑选 14 个农村社区试办农村再生计划，其中台中县、台南县皆于 2010 年 12 月 25 日后才合并（台中市和台中县，台南市和台南县），故本文沿用以前的行政单位名称。

（二）培根计划

培根计划指自 2004 年起于台湾地区北、中、南、东分别挑选一个示范社区，在每一个农村进行 84 小时课程培训。2005 年度扩大台湾地区北、中、南、东四区，挑选了 30 个社区分别进行 76 小时的课程培训。2006 年起于台湾地区分为六个区域办理，共有 139 个社区参加，培训课程有关怀班、进阶班、核心班与专员班四个阶段，各班级开课时分别为关怀班 6 小时、进阶班 18~24 小时、核心班 30~48 小时、专员班 18~24 小时，各分区培训小组于台湾地区（含澎湖县）分级开设关怀班 76 班、进阶班 75 班、核心班 57 班与专员班 8 班，合计共 216 个班级。此一阶段的培训课程可谓是全面唤醒农村社区的居民意识，在每一个农村社区，从关怀班开始直到核心班结束，必须经历 54 小时以上的课程，该阶段的课程设计维持"问题导向"的方式，以解决社区问题为标的，农村居民对于课程参与十分踊跃，合计结业的培训学员高达 6767 人次（柯勇全等，2008）。

2007 年将培育农村优质人力资源之计划命名为"培根计划"，之所以命名为"培根"，是取自"农村培力，社区扎根"的意涵，依当地之资源培训农村居民，共同制定社区营造整体发展蓝图，规划发展具有特色之农村社区。此一阶段共有 184 个社区参与培根计划，4 年累计共 13466 人次参与了该计划，是目前台湾当局各部会中，规模最大、最有计划与系统性，同时也是最具雄心的社区培训计划（柯勇全等，2009）。

2008 年起以"扩大参与培训"为目标，开始扩大社区培训，共计有 368 个社区参与，9703 人次参与培根计划，同年度将"再生班"导入课程中，更开设"农村再生专员班"，培训出具有沟通管理、农村规划、建设、经营、计算机文书能力之"农村再生专员"；2009 年加强农村再生的观念、促进农村规划，并充实实质内容，提升农村社区居民拟订农村再生计划之能力，培养在地居民水土保持正确观念及农村规划的知识与技术，共计培训 860 个社区，35507 人次参与（水土保持局，2012）。

在农村再生条例于 2010 年 8 月 4 日公布施行之后，规定申请农村再生计划之社区，必须先经过培根计划之训练，因此，主管机关针对过去已经参加过各阶段培根计划的社区，承认其已完成该阶段之训练，然而，对于农村再生条例通过前已经完成四阶段课程的社区，则要求必须再参加一次"再生班"之训练，方能视为完成四阶段之课程。

农村再生条例通过之后，也增加对于社区参加农村再生培根计划的人数要求，以此作为未来研究农村再生计划的基准（见表9-2）。农村再生条例通过后当年度培训1212个社区，累计至2015年8月已有2242个社区参与培训。

表9-2　完成四阶段提案规定人数基准

等级	条件	完成四阶段人数
A	400户以上（或1600人以上）	40
B	200户以上（或800人以上）未达400户（或未达1600人）	30
C	未达200户（或800人）；离岛或原住民地区	20

资料来源：农村再生培根计划执行注意事项，农业委员会水土保持局。

（三）农村再生计划

农村社区完成培根训练后，即可提出自己社区的农村再生计划，依据农村再生条例的第9条，农村再生计划系为农村社区内之在地组织及团体，依据社区居民需求"由下而上"自行拟订并提出的计划，农村再生计划的整体构想应包括农村社区整体环境改善、公共设施建设、个别宅院整建、产业活化、文化保存、生态保育、土地分区规划及配置公共设施构想、后续管理维护及财务计划，并需要提出具有发展特色之推动项目等内容。

农村社区的在地组织及团体，依据社区居民需求，以农村社区为计划范围，经由各种形式共同讨论，整合当地居民的意见后，可对农村社区建设提出构想与实施标的,拟订农村再生计划草案(水土保持局,2012)。

农村再生计划草案必须经过社区居民会议的通过,而举办社区居民会议应有农村再生培根计划所定该社区应受训练最低人数二分之一以上的结训人员参与,且出席成年居民人数应达农村再生培根计划所定该小区应受训练最低人数的两倍以上。会议决议得到成年居民过半数之同意后方有效,小区居民会议通过后,再由小区组织代表报"直辖市"或县(市)主管机关申请审查核定。

截至 2015 年 8 月底为止,累计共有 570 个社区提出农村再生计划,核定通过了 461 个(见表 9-3),从台湾地区约 4200 个农村社区的比例来看,已超过一成的社区提出了属于社区自主层级的农村再生计划。

农村再生计划经核定后,农村社区组织代表需依其内容,检查相关申请文件,向市或县(市)主管机关提报年度农村再生执行需求。市或县(市)主管机关应将年度农村再生执行需求全数纳入,汇整申请文件拟订年度农村再生执行计划,包含年度农村再生执行计划提报执行项目明细表,送台湾当局主管机关审查、核定后实施。

表 9-3　各县市农村再生提报及核定数量

单位:个

县市别	提报社区数	核定	年度执行计划
基隆市	1	1	1
台北市	1	1	1

县市别	提报社区数	核定	年度执行计划
新北市	14	14	13
桃园市	12	12	12
新竹县	20	19	17
宜兰县	22	21	20
苗栗县	67	67	50
台中市	43	38	36
南投县	39	31	29
彰化县	46	45	36
云林县	65	55	50
嘉义县	35	30	28
台南市	61	55	53
高雄市	37	37	34
屏东县	36	24	21
澎湖县	1	1	1
台东县	38	32	32
花莲县	32	28	27
合计	570	511	461

资料来源：本文笔者根据农村再生历程网整理。

三　现况分析与讨论

　　根据 14 个试办社区所提出之农村再生计划草案，本文整理内容
如表 9-4 所示。可以发现这些挑选出来的农村社区，提案的社区面积
介于 100~400 公顷，参与运作的组织既包括社区发展协会、产业促进

会甚至于农会等有立案的民间团体，也包括农村再生促进会这类没有立案的组织。

在试办期间，各社区所提出的农村再生计划草案，从整体规划构想来看可谓是包罗万象，虽然是在试办期间所提出的方案，但观察各社区提案内容，似乎仍未考虑实际可行性，例如道路沿线景观改善、全区废弃屋整建等，这类提案并未考虑改善或整修所有权问题及适法性。此外，提案之经费大多都高达五千万新台币以上，甚至达上亿新台币。

表9-4　农村再生试办社区提案一览

试办社区	面积（公顷）	参与的社区组织	社区愿景	提案经费（千新台币）
宜兰县冬山乡大进社区	491	1.大进社区发展委员会 * 2.大进休闲农业区推动管理委员会	绿色大进，有机有情有品质	142777
新竹县北埔乡南埔社区	308	1.南埔社区农村再生促进会 2.南埔社区发展协会 * 3.南埔产业协会	黄金水乡风云再起	226340
苗栗县头屋乡象山社区	423.5	1.象山社区发展协会 2.玉衡宫管理委员会 3.苗栗县志愿服务协会 *	诗书飘香锦绣农村	135250
苗栗县头屋乡外狮潭社区	251	外狮潭社区发展协会 *	首部曲——适居农村（生活环境） 二部曲——活力农村（生产环境） 三部曲——乐活农村（生态环境）	106760

试办社区	面积（公顷）	参与的社区组织	社区愿景	提案经费（千新台币）
苗栗县三义乡双潭社区	391.58	1.双潭社区发展协会 * 2.苗栗县脸谱文化推广协会 3.苗栗县三义乡农会	一户一景之景观廊道	85750
台中县新社乡马力埔社区	395	1.台中县新社乡马力埔社区发展协会 * 2.永源社区发展协会 3.台中县新社乡休闲农业导览发展协会 4.马力埔社区守望相助队 5.家政班	无	93700
彰化县大村乡平和社区	137	1.大村乡平和社区发展协会 * 2.圣瑶宫寺庙管理委员会	有机农园区 生态景观田园区 乐活农村聚落区	54350
嘉义县义竹乡光荣社区（东光里、东荣里）	112	1.东光社区发展协会 * 2.东荣社区发展协会	环保打造美乐地、光荣重现生命力	25000
台南县白河镇汴头林子内社区	95	1.台南县信望爱社区关怀协会 * 2.汴头社区发展协会	心灵的故乡，平安福气满街巷	53300
台南县后壁乡无米乐社区（墨林村、菁寮村、后廍村）	100	1.台南县后壁乡墨林社区发展协会 * 2.菁寮社区发展协会 3.后廍社区发展协会 4.无米乐提升稻米质量促进会 5.无米乐农村再生促进会	无米乐动态农村博物馆	65400

试办社区	面积（公顷）	参与的社区组织	社区愿景	提案经费（千新台币）
花莲县光复乡马太鞍社区（大全村、大华村、大进村）	386	1. 花莲县光复乡马太鞍社区发展协会 2. 马太鞍文史工作室 3. 花莲县光复马太鞍部落生态文化产业发展协会 4. 花莲县马太鞍湿地教育协会 5. 光丰地区农会*	无	54350
花莲县光复乡大和社区（大丰村、大富村）	386	1. 大和农村再生促进会 2. 花莲县光复乡大丰社区发展协会 3. 花莲县光复乡大富社区发展协会 4. 花莲县栖地保育学会 5. 光丰地区农会*	无	328500
台东县鹿野乡永安社区	282	永安社区发展协会*	富有希望且快乐的社区，全面提升社区居民生活环境，打造鹿寮新故乡	65803
台东县池上乡万安社区	281	万安社区发展协会*	无	53950

资料来源：笔者整理 14 个社区之试办农村再生计划草案（＊为提案代表组织）。

    农村再生条例通过后，所有的试办社区也必须依规定参加培根计划的训练，对于这些农村社区来说，大部分的农村社区是在很早期的时候就已经完成前面几个阶段的课程，例如象山社区、大进社区、南埔社区、外狮潭社区、双潭社区、平和社区、光荣社区、永安社区及万安社区，并在农村再生条例通过后，依照规定再一次参加再生班的课程，并且取得一定结业人数。唯有苗栗县头屋乡象山社区，在最后一个阶段（再生班阶段）未能结业（见表9-5）。访查主管机关发现，该社区由于内部不同组织之间无法达成共识，彼此牵制参加课程的人员，所以参加课程的人员一直未能结业。

另外，较为特别的是花莲县光复乡马太鞍社区，在试办期间由光丰地区农会出面整合，条例通过之后，发现社区范围太大（涵盖大全村、大进村及大华村），难以凝聚共识，内部开始讨论是否分开提出农村再生计划。因此，三个社区开始考虑重新寻找各自社区内部成员参加培根计划，后来仅有大全社区完成四阶段的培根计划，大进社区及大华社区则因为人员内聚不足，而无法完成培根计划。

另外，也有少数社区是在参加试办计划之后，2009年后开始参加培根计划训练的，这样的社区最少需要花上三年左右的时间，方能完成培根计划的课程，并拥有一定的结业人数。

表9-5　农村再生试办社区培根计划进程

试办社区	关怀班	进阶班	核心班	再生班
宜兰县冬山乡大进社区	2007.9	2007.11	2007.12	2009.2 2011.11
新竹县北埔乡南埔社区	2006	2006	2007.11	2009.5 2010.12
苗栗县头屋乡象山社区	2006	2006	2006.9	未结业

试办社区	关怀班	进阶班	核心班	再生班
苗栗县头屋乡外狮潭社区	2005	2005	2007.11	2008.8 2009.10 2011.8
苗栗县三义乡双潭社区	2006	2006	2006	2008.8 2009.10 2011.8
台中县新社乡马力埔社区	2009.2	2009.2	2010.4	2011.7
彰化县大村乡平和社区	2006	2006	2007.12	2008.11.25 2010.2.22 2011.9.13
嘉义县义竹乡光荣社区	2006	2006	2006.9	2011.5
台南县白河镇汴头林子内社区	2009.3	2009.3	2010.4	2011.7
台南县后壁乡菁寮社区	2009.8	2011.10	2011.11	2011.12
花莲县光复乡大全社区	2008.9	2009.9	2011.4	2011.8
花莲县光复乡大和社区	2009.1	2010.1	2011.9	2011.12
台东县鹿野乡永安社区	2005	2005	2007.10	2011.1
台东县池上乡万安社区	2005	2006.8	2006.9	2011.1

　　农村社区完成培根训练后，即可提出自己社区的农村再生计划，透过具体计划来达成社区的愿景与理想，农村再生计划的整体构想应包括农村社区整体环境改善、公共设施建设、个别宅院整建、产业活化、文化保存、生态保育、土地分区规划及公共设施配置构想、后续管理维护及财务计划，并需提出具有发展特色之推动项目等内容。

图9-1 社区参与农村再生培根计划

　　除了未完成培根计划训练的象山社区之外，其余的社区在完成培根计划后均提出自己的农村再生计划，由表9-6可以看到提案构想大多着重于社区整体环境改善及公共设施建设部分，对于产业活化、文化保存与活化、生态保育则着墨较少，也较难提出明确的区位或做法，例如推动有机无毒农业或举办农村生活体验。

图9-2 彰化县大村乡平和社区打造具有农村特色的新风貌

社区 X 营造 政策规划与 理论实践

表9-6　试办社区提出农村再生计划一览

提案农村	面积（公顷）	参与的社区组织	社区愿景	整体规划构想
宜兰县冬山乡大进社区	1150	大进社区发展协会*	大进绿活乡村	（一）社区整体环境改善：1.污水净化生态池；2.垃圾清理与资源回收设施 （二）公共设施建设：1.道路与桥梁改善；2.自行车道系统；3.防汛道路；4.停车空间；5.小坤主要道路排水系统规划；6.小坤地区灌溉用水修复建设；7.蚊仔坑道路排水系统；8.淋漓坑十寮溪灌溉用水管线修复建设 （三）个别宅院整建：1.居民个别宅院整建；2.大进路市集；3.小坤聚落；4.淋漓坑聚落；5.蚊仔坑聚落 （四）产业活化：1.蚊仔坑茶园产业活化；2.大进路商店街活化及人车分道；3.淋漓坑入口公园假日农村市集 （五）文化保存与活用：1.石头厝；2.蚊仔坑土地公庙周边空间强化；3.淋漓坑百年茄苳周边空间强化；4.石片水沟；5.野烧陶文化 （六）生态保育：1.小坤湖生态保护区复育计划；2.小坤湖复育计划 （七）土地分区规划及配置公共设施构想：1.小坤社区活动中心农村市集；2.小坤慈惠宫文化广场；3.淋漓坑社区广场（绿竹笋产销班广场）；4.蚊仔坑社区广场（长寿俱乐部广场）

提案农村	面积（公顷）	参与的社区组织	社区愿景	整体规划构想
新竹县北埔乡南埔社区	519.08	1.新竹县北埔乡南埔社区发展协会* 2.南埔产业协会 3.南昌宫管理委员会 4.南埔村办公处 5.社区妈妈教室 6.长寿俱乐部 7.南埔黄金水乡社区工作室 8.南埔社区再生计划执行委员会	黄金水乡风云再起	（一）社区整体环境改善：低碳社区、金色南埔、口袋公园、节点及空间美化、社区排水及生态净化池 （二）公共设施建设：农村漫游路径建设、旧圳路更新、道路水土保持、大坪溪整治、停车空间建设 （三）个别宅院整建：特色农宅整建、农村绿色建筑 （四）产业活化：有机无毒农业、产销班、农夫市集、农村生活体验 （五）文化保存与活用：石爷与伯公文化、伙房与古厝保存、百年水圳、水车文化 （六）生态保育：创造绿活农村、打造多样性生态池、推展再生能源 （七）土地分区规划及配置公共设施构想 （八）其他具有特色的发展：社区照顾、饮水设备
苗栗县头屋乡象山社区	无提出再生计划			
苗栗县头屋乡狮潭社区	251.8	1.苗栗县头屋乡狮潭社区发展协会* 2.狮潭社区农村再生促进会	1.生活面：从田野中再起，共创幸福家园 2.生产面：让破败农业再生，再创社区的农村荣景	（一）社区整体环境的改善：以既有聚落为核心实施各项整体环境的改善 （二）公共设施建设：亿兴庄、中兴庄[社区多元活动中心建置、停车场、公厕、绿地休闲公园、防灾提案驳坎整建、老田寮溪畔蓝带绿廊营造，农特产品展示及配销中心、入口意象建置、

续表

提案农村	面积 （公顷）	参与的社区组织	社区愿景	整体规划构想
			3.生态面：节能减碳活化再生，让自然界动植物共生共荣	社区基础环境改善（排水沟、道路铺面、宅院整建、环境绿美化）]、坪仔寮聚落［河堤内之槌球场、生态观赏区、狮潭翠堤休憩区、社区茶坊、小型文物馆、社区基础环境改善（排水沟、道路铺面）、龙颈潭天然观景台之绿美化）、上陈屋聚落（社区聚落公园、生态净化池、后山步道系统、化胎周围环境改善、文物展示馆、社区茶坊、社区基础环境改善（排水沟、道路铺面）]、下陈屋聚落［五圣宫立面及铺面改善、下陈屋老人长青公园、百年门楼整修、猪舍变茶坊、社区基础环境改善（排水沟、道路铺面）]、马家庄聚落［伯公庙周边环境改善、百年水井整修、马家宅院整修、马家聚落茶坊、左凤竹客家文物馆、社区基础环境改善（排水沟、道路铺面）] （三）个别宅院整建：整体采用具有历史文化背景之建筑语汇，在示范整建经验中，确立未来建筑改善方向 （四）产业活化：推动全社区无毒有机多元化农园（土质改良、水质改善－农田灌溉渠道、专业技术培训与指导、污染源处理）、社区特色产业提升（萝卜节）、快乐农村体验活动发展、活化在地特色文化增加观光收入、有关产业活化产销的软硬件制作与建立

提案农村	面积 （公顷）	参与的社区组织	社区愿景	整体规划构想
				（五）文化保存与活用：三合院空间活化（上陈屋百年客家文化祠堂古建筑）、历史建筑修复、伯公庙埕空间整建、埤塘整治 （六）生态保育：自然生态环境改善（塘仔窝湿地营造、三溍坑生态健康步道整治、道路与水圳绿廊设置、农田防风林绿篱重建、蓝带区生态复育）、社区居家环境生态构想（简易污水生态净化池处理） （七）土地分区规划及配置公共设施：将社区土地做功能性的分区，配合社区居民的需求及社区农村再生的整体规划来配置公共设施
苗栗县三义乡双潭社区	1275	1. 三义乡双潭社区发展协会 * 2. 三义乡双潭休闲农业区推动管理委员会 3. 苗栗县脸谱文化推广协会 4. 双潭社区农村再生推动管理委员会	农艺创景·木艺原乡打造幸福双潭	（一）社区整体环境改善：1.窳漏空间改善、社区登山健行入口（三角山）改善 （二）公共设施建设：活动中心改装活化 （三）个别宅院整建：1.社区柑仔店风华再现；2.老师傅一条街示范点 （四）产业活化：1.老师傅一条街入口意象营造计划（雕刻原街意象）；2.假日市集 （五）文化保存与活用：云火龙特色装置 （六）生态保育：关刀山生态保育区、西湖溪溪流生态复育区 （七）土地分区规划及配置公共设施构想：聚落发展区、创艺农田区、溪流复育区、森林生态区

续表

提案农村	面积 （公顷）	参与的社区组织	社区愿景	整体规划构想
				（八）其他具有发展特色之推动项目：1.家户景观创景"一户一景"；2.双潭休闲农业区年终感恩祈福活动；3.老农宅三合院农村谷仓利用——乡村美食、民宿体验工坊、农产品展售、农村家具展示；4.生物资源利用；5.气象资源利用；6.农场体验；7.本土植物导入；8.主题式农业旅游之推展
台中县新社乡马力埔社区	394.441	1.马力埔社区发展协会*（爱心志工队、社区家政班、果树产销班、花卉产销班、永源里守望相助队、社区环保义工队、社区妈妈教室） 2.台中县新社乡休闲农业导览发展协会 3.马力埔农村再生促进会	老有所用、壮有所承、幼有所望	（一）社区整体环境改善：1.土地利用与产业发展；2.水土保持与防灾设施；3.交通运输；4.排水设施；5.自然生态及社区环境景观；6.休闲与观光游憩；7.饮水设施；8.社区环境与家户卫生；9.社区组织发展与社区照顾；10.文化古迹维护与管理；11.社区网络及信息设施；12.农村住宅整建 （二）公共设施建设：1.食水料溪堤岸绿化；2.涌泉区工程建置；3.泡脚区工程建置；4.社区点改善加强；5.马力埔产业信息站建置 （三）个别宅院整建：1.个别宅院整修；2.入口意象之建置；3.社区整体样貌之规划；4.社区特色整建；5.社区点改善加强及绿美化；6.五将军庙整修及美化 （四）产业活化：1.农村体验；2.产业

提案农村	面积 （公顷）	参与的社区组织	社区愿景	整体规划构想
				活化或多元活动；3. 举办假日农村市集；4. 产业营销；5. 有机农园之推广 （五）文化保存与活用：1. 举办地方文化活动；2. 保留社区文化资产；3. 老人关怀配合人文探访 （六）生态保育：1. 雨水资源储存再利用；2. 利用食水料溪养殖鱼类；3. 整治浦窟变成多元性生态体验区，种植水生植物；4. 养殖蜻蜓，种植相关植物，减少小黑蚊的滋生蔓延；5. 推广有机农业
彰化县大村乡平和社区	106.6	彰化县大村乡平和社区发展协会*	一邻一景点，家家户户是花园	（一）社区整体环境改善：1. 一邻一景点环境改善；2. 家家户户是花园环境改善；3. 社区入口网站信息平台；4. 红砖绿廊乐活单车道；5. 活动中心周边及运动设施；6. 有机农园；7. 出水坑溪生态环境改善；8. 绿色迷宫；9. 赖厝排水及周边环境改善；10. 出水坑溪周边环境绿化 （二）产业活化：产业工作坊、假日市民农园、绿色迷宫、无毒农业及自然农法 （三）个别宅院整建 （四）文化保存与活用：砖厂窑烧见学计划、水稻产业活动 （五）生态保育：划定鸟类保育区、萤火虫养殖区、鱼类保育区、生态池营造

续表

提案农村	面积（公顷）	参与的社区组织	社区愿景	整体规划构想
嘉义县义竹乡光荣社区	145	1. 东荣社区发展协会* 2. 义竹乡文史工作室 3. 光荣社区工作小组	逐步进行社区空间改造，营造良好生活环境，创造归乡游子的理想故乡	（一）社区整体环境改善：1. 聚落发展区；2. 聚落休闲服务区 （二）公共设施建设：1. 社区防灾、2. 主要活动区域／休憩区域空间连接；3. 安全步行 （三）个别宅院整建：1. 老旧房舍更新修缮；2. 古厝保存活化 （四）产业活化：1. 配合农业政策，持续提升农业产值；2. 结合社区特产，发展社区手工艺产业；3. 促进数字学习，扩大产品营销网络；4. 发展社区农业体验活动，培育社区导览解说人才 （五）文化保存与活用：1. 提升农村空间美质，营造地方魅力；2. 糖铁周边农村生活轴带风貌营造；3. 庙埕空间之整体景观再造；4. 社区人才培育计划 （六）生态保育：1. 人工湿地；2. 优良农作生产区；3. 减少杀草剂喷洒；4. 避免稻草与树叶燃烧 （七）土地分区规划及公共设施配置构想 （八）其他具有开发特色之推动项目：台湾创意玉米节
台南县白河镇汴头里林子内社区	107.1	1. 台南市信望爱社区关怀协会* 2. 汴头社区发展协会 3. 农村再生推动委员会	心灵故乡	（一）社区整体环境改善：1. 社区环境清理；2. 社区周边绿化；3. 社区窳陋区域的更新 （二）社区公共设施建设：1. 三十年以上既有巷道的整修与美化；2. 一般人行道；3. 强化教会数字设备以作为社区数字中心；4. 其他交通服务设施

提案农村	面积（公顷）	参与的社区组织	社区愿景	整体规划构想
				（三）社区产业活化 （四）社区生态保育：太平坽生态湿地公园 （五）土地分区规划及公共设施配置构想：1. 农村再生发展功能分区构想；2. 公共设施配置构想
台南县后壁乡无米乐社区	390	台南市后壁区后廊社区发展协会*	有机、生态、乐活的农里生活文化	（一）社区整体环境改善：1. 社区道路及生活巷道改善；2. 公园绿地设施改善计划；3. 巷弄街角环境景观改善计划；4. 社区关怀中心设置计划；5. 社区网络信息设施营造计划 （二）公共设施建设：1. 无米乐慢庄旅游公共设施改善计划；2. 社区排水改善 （三）个别宅院整建 （四）产业活化：1. 自然农法转型辅导计划；2. 农里学习与社区培力——无米乐学校建置计划 （五）文化保存与活用：1. 北势老街风貌维护再生计划；2. 农里生活博物馆群暨主题馆建置计划；3. 古井空间景观维护计划；4. 特色农里建筑整建修缮计划 （六）生态保育：1. 生态廊道与绿地系统串联计划；2. 老树景观维护工程；3. 水资源回收再利用计划；4. 资源回收再生中心建置奖励计划；5. 再生能源设施设置计划；6. 造林奖励计划 （七）土地分区规划及公共设施配置构想：1. 农里再生发展区之计划；2. 农村再生发展功能分区构想

续表

提案农村	面积 （公顷）	参与的社区组织	社区愿景	整体规划构想
花莲县光复乡大全社区	385	1. 花莲县光复乡大全社区发展协会* 2. 拉索埃文史工作室 3. 马太鞍湿地保育协会 4. 马太鞍再生促进会	大全社区美丽新境界	（一）社区整体环境改善：1. 大全社区入口意象及安全指示系统建置；2. 芙登溪多孔隙护岸改善；3. 社区街道绿化；4. 闲置空间绿美化；5. 污水处理系统改善 （二）公共设施建设：1. 社区活动中心修缮及绿化；2. 社区信仰中心周边绿化；3. 路网系统景观塑造与节点营造改善；4. 马锡山环山步道延伸；5. 社区停车空间与公厕建置 （三）个别宅院整建：1. 大全社区住宅整体风貌营造改造；2. 建立花莲中区工艺及社区农村文化交流中心 （四）产业活化：1. 农地活化与运用管理；2. 无毒美食区建置与产业活化运用；3. 特色产业创意研发；4. 老人关怀照护所的建置；5. 社区环境教育解说人员培训；6. 产业网络营销与品牌建立；7. 社区文艺活动的研习与推广 （五）文化保存与活用：1. 牛车寮周边环境绿美化；2. 原住民传统技艺研习与研发；3. 巴拉告生态捕鱼区建设 （六）生态保育：1. 栖地生态环境调查、监测及保护；2. 强势外来种抑制；3. 社区生态栖地营造；4. 建造生态馆为自然教育中心 （七）其他具有发展特色之推动项目：1. 农村多元研习及体验活动；2. 花海长廊景观营造与运用

提案农村	面积（公顷）	参与的社区组织	社区愿景	整体规划构想
花莲县光复乡大和社区	384.64	1. 大丰社区发展协会 2. 大富社区发展协会 3. 丰禾社区产业促进会*	有机无毒生态村	（一）农村整体环境改善：1. 社区闲置空间及脏乱环境改善；2. 整合路口意象、社区空间改造、街道景观形塑与环境营造 （二）社区公共设施建设：1. 环山自行车道暨萤火虫生态观察区；2. 钟家古厝周边公共设施强化；3. 圳路周边环境绿美化&亲水环境营造 （三）个别宅院整建 （四）产业活化：1. 纵谷木艺环境景观营造工程；2. 生态教育园区改善工程 （五）文化保存与活用：1. 大和历史文物中心建置；2. 客家文化传承教育；3. 村点大和伴手礼创新研发；4. 导览解说人员培训；5. 农村再生活化及体验活动 （六）生态保育：1. 嘉农溪上游水源地整理及取水工程；2. 大和地区污水管线统整及净化池建置；3. 社区引水管线布设；4. 涌泉圳生态工法重塑；5. 软件活动的配合 （七）其他具有发展特色之推动项目：产业E化发展及产业信息化人才培训
台东县鹿野乡永安社区	500	1. 台东县鹿野乡永安社区发展协会* 2. 永安农村再生委员会	找到回家的鹿—永安圆梦计划	（一）社区整体环境改善：永安路、永乐路、中华路、高台路、永岭路等主要道路周边环境改善 （二）公共设施建设：永安社区活动中心、永昌社区活动中心、高台游客服务中心、永隆天主堂、永安老人活动中

续表

提案农村	面积 （公顷）	参与的社区组织	社区愿景	整体规划构想
				心、圣安宫、永安农场游客中心、永安小学、山川公路休息站、永安入口意象两处等整修活化 （三）个别宅院整建：分区完成70个个别宅院整建 （四）产业活化：福鹿茶相关产业、福鹿米产业文化、鹿寮咖啡活化与推广、有机农业的推动与体验，成立鹿寮企业社推动社区各项产业之活化 （五）文化保存与活用：传统民俗活动之活化 （六）生态保育：玉龙泉生态公园的规划与设置、永安自然生态园区的整修与活化、社区家户水扑满设置、武陵及永昌绿色隧道的绿化与活化、鹿野梅花鹿复育园区的活化等 （七）土地分区规划及配置公共设施构想：分六大区域，各区均选出区长及再生委员，进行各分区主题特色规划 （八）其他具发展特色之推动项目：休闲农业
台东县池上乡万安社区	211	1. 台东县池上乡万孜社区发展协会* 2. 万安小学 3. 锦安派出所 4. 社区工班 5. 万安农村再生促进会	自然人文生态农村	（一）社区整体环境改善：1. 家户太阳能光电系统；2. 禾鸭生态池至魏家庄脚踏车步道；3. 万安溪调查整治评估；4. 家户宅院绿化 （二）公共设施建设：1. 养生运动公园；2. 养生蔬果育苗场；3. 有机堆肥场；4. 地下污水设施；5. 家户电缆地下化；6. 社区无线网络；7. 村庄道路文化铺

提案农村	面积（公顷）	参与的社区组织	社区愿景	整体规划构想
		6. 妈妈教室 7. 有机米产销班 8. 槌球队 9. 巡守队		面；8. 社区排水；9. 自然生态及社区环境景观 （三）个别宅院整建：以"陶"为社区整体基调，未来社区内之砖窑厂如能成功启动营运至一定规模，砖窑厂定能提供产品于社区内作为材质使用，另外如能引进高质量之制作技术，定能再提升社区整体之文化质感 （四）产业活化：1. 农村社区整体发展规划；2. 农村生活体验中心；3. 社区组织发展与社区照顾（老人与孩童照护机制）；4. 社区环境与家户卫生 （五）文化保存与活用：1. 魏家庄文史馆；2. 社区历史建筑保存；3. 砖窑活化；4. 魏家庄拓荒史；5. 文史调查纪录；6. 文物古迹维护与管理（万安砖窑、清河堂、断层教育设施） （六）生态保育：1. 生态步道；2. 生态观赏台；3. 闲置空间利用 （七）土地分区规划及配置公共设施构想：农村生产发展区、农村服务发展区、核心聚落发展区、农村生态发展区、有机米生产发展区 （八）其他具有发展特色之推动项目：1. 稻壳碳化养生砖；2. 养生砖制作设备；3. 稻壳炭及稻壳醋液介绍

资料来源：本文笔者依据 13 个社区所提出之农村再生计划整理（*为提案代表组织）。

通过农村再生计划后，将逐年实施农村再生计划之构想，除扣除

个别宅院整建类别没有任何提案之外，绝大部分的提案都集中在整体
环境改善及公共设施及建设上，占 60%；最少的则是生态保育类型，
约占 4%。从中也可看出当初提出计划时，对于立即可见效的改善案
件之偏好，本文将各类型执行案件依照提案进行分类，整理如表 9-7
所示。

表 9-7　农村再生计划执行案件一览

农村再生社区	整体环境改善及公共设施建设——政府执行	整体环境改善及公共设施建设——雇工购料	产业活化	文化保存与活用	生态保育
宜兰县冬山乡大进社区	4	5	4	2	0
新竹县北埔乡南埔社区	6	5	4	6	1
苗栗县头屋乡狮潭社区	5	2	4	0	2
台中县新社乡马力埔社区	4	5	4	2	0
苗栗县三义乡双潭社区	8	5	4	8	0
彰化县大村乡平和社区	3	3	5	0	0
嘉义县义竹乡光荣社区	9	4	6	0	0
台南县白河镇汴头里林子内社区	6	4	1	3	0
台南县后壁乡无米乐社区	3	2	1	1	1
花莲县光复乡大全社区	2	3	0	1	2
花莲县光复乡大和社区	4	5	1	1	0
台东县鹿野乡永安社区	6	3	3	3	1
台东县池上乡万安社区	1	4	2	1	0
合计	61	50	39	28	7

四 观察与探讨

（一）计划限制了创意？

农村再生条例推动之初，就是考虑农村的发展项目包罗万象，倘以个别农业部门的角度来处理农村问题，将无法完整兼顾农村发展的多元性，因此，制定规定之初即以总体营造的概念，希望能够透过农村再生计划，整合不同政府部门之间的资源，以解决农村中非常具有地方性的各种问题。

然而在农村再生条例中，采用正面列表的方式，包含整体环境改善及公共设施建设、产业活化、文化保存与活用、生态保育、个别宅院整建及其他等项目，这样一来也让整个农村再生计划的提案程序，被设计区分为各种不同类别。对于农村社区及主管机关来说，虽然方便管理及区分，但是却间接限制了整合的概念，结果农村组织在提案的时候，只依照各种类别提出需求，并不是依照整体综效提出需求。

事实上，哪些项目可以被认可为属于农村再生的项目，也不是那么容易被区分，以社区提出需要兼具游憩功能的灌溉农塘为例，究竟是属于公共设施还是产业活化，就完全凭提案时候的说明内容不同而有所不同，最重要的是，如果主管机关的认定方式各有不同的话，就造成了社区在提案的时候，往往被限制于承办人员习惯的类型，反而限制了创意的产生。

（二）社区组织能力的提升

传统农村社会网络是透过农会、产销班、四健会及农田水利会等农业组织运作，尤其是农会组织系统更是历史悠久、组织规模庞大。但随着经济的发展，在基层农村社会中，农村社会的存在已经不绝对以农业生产为主，以传统农业生产为导向的组织，在功能上逐渐成为政府政策和资源的桥梁。

农村再生条例通过之后，因为条例规定由农村在地组织为提案单位，因此，农村本身之其他功能性组织，在农村社区里蓬勃兴起，包含在地社区发展协会、产业促进会、文史工作室及各种来自不同单位的辅导单位，这些组织在农村成立之后，重新建构了新的农村社会网络。

台湾地区多年的社区营造经验是，农村营造事务之推动主要为社区精英，不管是从社区营造的角度还是农村再生的角度出发，这些社区精英清楚理解在传统政治组织外，亦可以透过在地组织运作，取得对社区的主导权及影响力，对于在地组织自我整合的要求，也让农村社会网络运作得更加频繁，过去传统由村里长掌握的话语权，也在农村再生推动后被打破，形成地方新的竞合关系。

然而，这样的转变对社区发展协会的运作并非一件容易的事，特别是社区发展协会所能掌握的资源越来越多，便引起更多从未接受过培根计划训练的成员，透过发展协会改选时介入，倘若组织仍能依照最初提出农村再生计划之共识共同推动，尚不至于有问题；较令人担忧的则是新的社区成员，从未具备当初接受培训的知识能力及推动营造的共同使命感，以至于组织内部的核心干部理念不合，最后让原始核心干部退出经营班底，而新加入的成员也因实际推动不如想象中简单，而让整个社区的农村再生计划停滞。

当前的农村再生条例所规定的在地组织，以目前来看多为地方的社区发展协会，这些社区发展协会多为在地热心人士所组成，在组织管理经营、财务及制度上，过去并未有操作如此庞大且繁复的计划经验，若要创造更积极的农村发展策略，应该有更具备企业精神（entrepreneurship）的社区组织，透过农业及非农活动之联结，系统性地开发农业以外之非农产业的可能性，这样的组织必须兼顾社区本身的共同利益，也必须具备创造利润之管理知识和能力。

因此，推动农村再生政策目前已逾五年，农村组织仍必须仰赖外部组织或专家的协助，方能应付高强度的行政程序及经营需求，除了深化农村社区组织的培力之外，也显示社区组织与外部组织的新合作模式，为主管机关应审慎思考之方向。

（三）投资或是补助？

社区所提出的农村再生计划，大部分的经费是由台湾当局主管机关编列预算，透过补助机制进入社区，补助机制则依不同的形态和项目有不同的配合款负担标准，配合款负担比例介于10%~25%；另外，属于公部门直接施作之整体环境改善及公共设施建设，则无须配合款。

因此，农村再生计划的经费来源有八成以上都来自台湾当局主管机关，不仅地方无须负担任何经费，社区部分仅需负担最高 25% 的支出，这部分大多为社区居民进行雇工购料时之工资或自筹补足。台湾当局主管机关直接面对第一线之社区，虽然解决了地方财政困难的窘境，但也等同架空了地方的权责。

此外，"年度农村再生执行计划作业注意事项"规定，农村社区申请各类补助如属连续性计划，补助三年者，应有具体成效方可继续得到补助。然而，观察农村再生计划中的部分内容，显示农村再生计划对于社区并未要求长期自负盈亏，换言之，在农村再生基金的允许之下，对于社区的补助，主要着眼于资源的合理分配，而非投资的角度。

此一问题与前述之组织能力有极大的关系。农村社区组织最开始都是完全（至少部分）依靠政府补款来运作，特别是在计划创始阶段及整合起步阶段，完全没有任何资源，政府补助款可用于这段困难的时间；然而，如果社区组织没有尽快提升社区的营运能力，未来一旦主管机关开始要求财务计划必须要能够支撑社区运作，这些组织和社区将会陷入财政停滞之状态，政策也将无法有效带动农村社区之发展。

这一点主管机关也必须及早体认，农村再生基金之预算总有用罄之时，应该以投资的概念取代补助的做法，引导农村能够透过社区运作，在资源、财务或人力上永续经营，此方为政策成功之关键。

参考文献：

光丰地区农会（2008），《大和农村再生计划草案》，《水土保持局报告》，南投县：
　　水土保持局。

光丰地区农会（2008），《马太鞍社区农村再生计划草案》，《水土保持局报告》，
　　南投县：水土保持局。

水土保持局（2014），《农村再生培根计划执行注意事项》，水保农字第10318
　　65237号修订。

水土保持局（2014），《农村再生培根计划》，引用于2014年9月15日，取自农
　　村再生培根计划官网，http://empower.swcb.gov.tw/introduction.aspx。

水土保持局（2011），《推动农村再生手册》，南投县：水土保持局。

水土保持局（2012），《农村再生计划撰拟指南》，南投县：水土保持局。

社团法人宜兰县冬山乡大进社区发展协会（2008），《宜兰县冬山乡大进社区农村
　　再生计划草案》，《水土保持局报告》，南投县：水土保持局。

社团法人宜兰县冬山乡大进社区发展协会（2011），《宜兰县冬山乡大进社区农村
　　再生计划》，《宜兰县政府核定农村再生计划》。

花莲县光复乡大全社区发展协会（2012），《花莲县光复乡大全社区农村再生计
　　划》，《花莲县政府核定农村再生计划》。

花莲县光复乡丰禾社区产业促进会（2011），《花莲县光复乡大和社区农村再生计

划》,《花莲县政府核定农村再生计划》。

柯勇全、吴辉龙、陈荣俊、向家弘（2008），《由下而上农村营造之新契机——培根计划之探讨》,《2008 年第五届农村规划学术研讨会论文集》,台中市：台湾中兴大学。

柯勇全、陈荣俊、巫仲明（2009），《农村再生培根计划之推动与成效探讨》,《第六届农村规划学术研讨会论文集》,台中市：台湾中兴大学。

苗栗县三义乡双潭社区发展协会（2008），《双潭社区农村再生计划草案》,《水土保持局报告》,南投县：水土保持局。

苗栗县三义乡双潭社区发展协会（2011），《苗栗县三义乡双潭社区农村再生计划》,《苗栗县政府核定农村再生计划》。

苗栗县头屋乡狮潭社区发展协会（2008），《外狮潭社区农村再生计划草案》,《水土保持局报告》,南投县：水土保持局。

苗栗县头屋乡狮潭社区发展协会（2011），《苗栗县头屋乡狮潭社区农村再生计划》,《苗栗县政府核定农村再生计划》。

象山社区农村再生促进会（2008），《象山社区农村再生计划草案》,《水土保持局报告》,南投县：水土保持局。

新竹县北埔乡南埔社区发展协会（2008），《南埔社区农村再生计划草案》,《水土保持局报告》,南投县：水土保持局。

新竹县北埔乡南埔社区发展协会（2011），《新竹县北埔乡南埔社区农村再生计划》,《新竹县政府核定农村再生计划》。

嘉义县义竹乡东光社区发展协会（2008），《光荣社区农村再生计划草案》,《水土保持局报告》,南投县：水土保持局。

嘉义县义竹乡东荣社区发展协会（2010），《嘉义县义竹乡光荣社区农村再生计划》，《新竹县政府核定农村再生计划》。

彰化县大村乡平和社区发展协会（2008），《平和社区农村再生计划草案》，《水土保持局报告》，南投县：水土保持局。

彰化县大村乡平和社区发展协会（2011），《彰化县大村乡平和社区农村再生计划》，《彰化县政府核定农村再生计划》。

台中县新社乡马力埔社区发展协会（2008），《马力埔社区农村再生计划草案》，《水土保持局报告》，南投县：水土保持局。

台中县新社乡马力埔社区发展协会（2011），《台中市新社区马力埔社区农村再生计划》，《台中县政府核定农村再生计划》。

台东县池上乡万安社区发展协会（2008），《万安社区农村再生计划草案》，《水土保持局报告》，南投县：水土保持局。

台东县池上乡万安社区发展协会（2011），《台东县池上乡万安社区农村再生计划》，《台东县政府核定农村再生计划》。

台东县鹿野乡永安社区发展协会（2008），《永安社区农村再生计划草案》，《水土保持局报告》，南投县：水土保持局。

台东县鹿野乡永安社区发展协会（2011），《台东县鹿野乡永安社区农村再生计划》，《台东县政府核定农村再生计划》。

台南市信望爱社区关怀协会（2012），《台南市白河区汴头里林子内社区农村再生计划》，《台南县政府核定农村再生计划》。

台南市后壁区后廊社区发展协会（2013），《台南市后壁区无米乐社区农村再生计划》，《台南县政府核定农村再生计划》。

台南县信望爱社区关怀协会（2008），《汘头林子内社区农村再生计划草案》，《水土保持局报告》，南投县：水土保持局。

墨林社区发展协会（2008），《无米乐社区农村再生计划草案》，《水土保持局报告》，南投县：水土保持局。

从企业社会责任出发：向社区学习
如何营造幸福生活

王本壮

台湾政治大学地政学系哲学博士、美国得州大学奥斯汀校区建筑都市设计硕士、中原大学建筑系建筑学士。现任台湾联合大学建筑学系副教授兼创意统合设计研究中心主任、社团法人台湾社区培力学会理事长、台湾社区营造学会理事。曾任台湾联合大学建筑学系系主任、台湾社区一家协进会理事。专长于社区环境空间规划设计、环境行为学研究、社区营造、文化创意产业等。曾主编《社区终身学习体系的政策、理论与实务》；合著《社区营造研习教材——入门功夫篇》《落地生根：台湾社区营造的理论与实践》《开枝散叶：台湾社区营造的捕梦网》。

张筑雯

社团法人台湾社区培力学会项目执行长

文章导读

2004 年台湾地区出现一些纷乱，在此状况下，重视企业社会责任的信义房屋，透过房屋中介长期深耕于大街小巷的社区，发现社区是家的延伸、是促进台湾地区向前走的动力；为使民众重拾对邻里感情的热忱，信义房屋决定透过企业的力量，提出"社区一家计划"，以十年两阶段两亿新台币的经费，用实质的资金挹注，帮助大家实现对家与社区的梦想。

"社区一家计划"是一个以人为本的社区行动奖励计划，并以"向社区学习"的新理念，借由彼此相互学习、相互鼓励、相互分享的过程，重拾人与人之间的信任以及启动"善"的循环，提升民众对于居住环境的幸福感。

从"社区一家赞助计划"到"社区一家幸福行动计划"，信义房屋启动了企业回馈社会的正向能量，凝聚了居民与社区间的情感，形成"点→线→面"的网络平台；在这十年的过程中，顺应信义房屋"信任带来新幸福"的企业宗旨，目前全台湾地区已有 1271 个社区单位透过"社区一家"完成了梦想，期望这些计划能在台湾地区的每一个角落继续散播幸福，让我们居住的这块土地成为每个人心中最美丽的家园。

一　信义房屋与社区一家计划

20 世纪七八十年代，台湾地区正值经济高度起飞阶段，许多青壮年纷纷移居大城市发展，在都市化的过程中，形成了人与人之间的疏离感，连带影响到对社会与台湾地区的整体意识。为重新建构"人亲、土亲"的网络关系，文建会提出"社区总体营造政策"，目的在于鼓励居民经由社区议题的参与，凝聚共同体意识，以由下而上的政策，逐步达成"造人、造产、造景"的理想。

而企业投注经费支持社区推动社造工作，则是以信义房屋中介股份有限公司于2004年起推动的为其十年两阶段之"社区一家计划"为最具影响力的代表；除了提供奖助经费外，更透过企业员工的投入，协助有心提升社区生活质量与居住环境的团体或个人，实现其改造社区的梦想，堪称近年来实践"企业社会责任"（Corporate Social Responsibility，CSR）的典范。

（一）企业社会责任

"企业社会责任"指的是企业在遵守伦理与品德的原则之下，重视股东的权益、劳动者的人权、供货商管理、消费者的权益、环保的影响、社区的参与、财务信息的披露，以及对利害关系人的责任等。易言之，企业社会责任是企业成长和产业发展的一个规范，更是企业永续经营的地图，它告诉企业正确的方位、穿越的轨道以及追求的终点（高希均，2008）。

从广义来说，企业社会责任是指企业除了追求股东（stockholders）的最大利益外，还必须同时兼顾其他利害关系人（stakeholders）的权益，包括员工、消费者、供货商、社区与环境等。根据世界企业永续发展委员会（World Business Council for Sustainable Development, WBCSD）的说法，CSR 是"企业承诺持续遵守道德规范，为经济发展做出贡献，并且改善员工及其家庭、当地整体社区、社会的生活质量"。19 世纪时，多位经济学者倡导，将企业投入社会公益视为企业应尽的社会责任；然而随着"政府"角色逐渐式微，跨国企业在全球兴起，企业被认定应该负起更多的社会责任（高希均，2008）。

自创业以来，信义房屋秉持"以人为本"的信义精神，本着"取之于社会、用之于社会"的感恩之心，以推动"企业社会责任"为己任，将企业社会责任内化成经营的核心价值，发展出了"文化公益事业群"。其发展包括信义企业大学、财团法人信义文化基金会、行义文化出版社、政治大学商学院信义不动产研究发展中心、台湾社区一家协进会、"中华"伦理教育协进会、信义学堂和信义书院等。

（二）社区一家计划缘起

社区，是一栋公寓、一条街、一个乡镇到整个台湾地区。《论语》里仁篇第一章"子曰：'里仁为美。择不处仁，焉得知？'"每个人对于自己想居住的环境都有不同的见解，唯一不变的共通原则便是希望能与邻里间拥有良好的互动关系。然而"全球化"（globalization）时代的来临，尽管科技缩短了信息传递及物资交换的时间和距离，却也发现人与人之间最初的信任与互动渐渐疏离了，特别在都会区更为明显，离家最近的邻居反而是最陌生的。

信义房屋长期经营社区，发现社区是促进台湾地区向前走的最基本单位。2004 年 4 月底，台湾社会正值纷乱时期，为使民众重拾时邻里感情的热忱，信义房屋决定透过企业的力量，提出"社区一家计划"大规模的社区活动，以十年两阶段两亿新台币的经费，用实质的资金挹注，帮助大家实现对家与社区的梦想，期望让人们心中的小爱，借由梦想的实践升华成为对社区邻里的大爱，找回从前"里仁为美"的中道力量，回归人与人之间的群我关系，实现《礼记》礼运大同篇的[①]理想世界。

"社区一家计划"是一个以人为本的社区行动奖励计划，主要鼓励社区民众能主动关心及参与社区事务，增进人与人之间的互动关系，借由参与的过程中产生人与人之间的信任以及启动"善"的循环，并以"向社区学习"的新理念，在彼此相互学习、相互鼓励、相互分享的过程中，让提案者透过各种机会、各种管道、各种模式，彰显新幸福生活的实践，提升民众对于居住环境的幸福感。

（三）社区一家计划说明

对于信义房屋而言，"社区一家计划"是一个纯然公益性质的社区奖助方案，自 2004 年推动至 2013 年，信义房屋信守其中立的

---

① 《礼记》礼运篇，大同章："大道之行也，天下为公，选贤与能，讲信修睦，故人不独亲其亲，不独子其子，使老有所终，壮有所用，幼有所长，鳏、寡、孤、独废疾者，皆有所养；男有分，女有归；货恶其弃于地也，不必藏于己；力恶其不出于身也，不必为己；是故谋闭而不兴，盗窃乱贼而不作，故外户而不闭，是谓大同。"

立场，成立专家顾问团，尊重社区的提案。以五年为一期的行动奖
励计划，从第一阶段（2004 年至 2008 年）以经费补助为主的"社
区一家赞助计划"到第二阶段（2009 年至 2013 年）以学习为导向的
"社区一家幸福行动计划"，信义房屋启动了企业回馈社会的正向能
量，凝聚了居民与社区间的情感，形成"点→线→面"的网络平台。

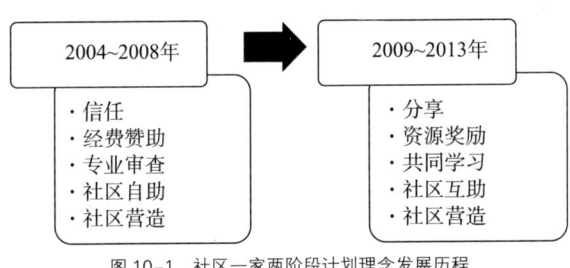

图 10-1　社区一家两阶段计划理念发展历程

"社区一家计划"打破传统以社区或团体等立案组织的提案模式，
将申请资格开放至只要年满 20 岁，发自内心地想要改善社区现况者，
都能向社区一家提出申请。将近十年的推动过程中，没有限制议题的
方向及范围，也尽可能简化行政程序，减少社区在行政事务上的困
扰。两阶段的操作模式如表 10-1 说明。

表 10-1　信义房屋社区一家计划简要说明

项目	第一阶段（2004~2008 年）	第二阶段（2009~2013 年）
计划名称	信义房屋社区一家赞助计划	信义房屋社区一家幸福行动计划
计划理念	增进人与人的关系	信任带来新幸福
计划宗旨	—	向社区学习，生活好幸福

项目	第一阶段（2004~2008 年）	第二阶段（2009~2013 年）
执行期间	4~6 个月内（弹性）	大约 1 年（12 个月）
遴选方式	由评审团决定	扩大参与评选范围
审查方式	两阶段审查，由专业评审决定获得赞助的提案	三阶段审查，纳入社区评审及提案单位自评与互评
主题	绿色生活（2008）	—
活动官网	http://www.sinyi.com.tw/community/	http://www.taiwan4718.tw/index.php
提案期间	7/1~7/31	7/1~7/31
获奖公告	10/25	12/25
报名资格	不限	年满 20 岁
简章索取	1. 社区一家官方网站 2. 信义房屋各分店	1. 社区一家官方网站 2. 信义房屋各分店
报名方式	1. 邮寄报名 2.E-mail 报名 3. 传真报名	1. 邮寄报名 2.E-mail 报名 3. 传真报名 4. 在线报名（2012 年、2013 年）
报名类别①	1. 一般（50 万新台币） 2. 小额（20 万新台币） 3. 青年（10 万新台币） 4. 整合型提案（100 万新台币，限 3 名）	1. 筑梦个人类（20 万新台币，个人提案） 2. 幸福社区类（50 万新台币，社团或组织提案） 3. 理想社会类（100 万新台币，联合数个社区共同执行提案）
评选流程	1. 初选：公布于活动网页上、E-mail 联络、透过电话通知复选时间。 2. 复选/决选：邀请企划书的提案人与评选委员进行面谈，以深入了解社区愿景及执行策略，并提供两千新台币车马补助费	1. 初选：活动官网、E-mail 同步通知。 2. 学习工作坊（复选）： （1）构想学习工作坊：评审委员先进行计划提醒，提案单位再报告欲执行之构想 （2）实务交流工作坊：提案单位进行计划执行内容之简报后，响应社区同组提问 3. 决选：评审团对修正后的行动执行规划书进行书面审查

续表

项目	第一阶段（2004~2008 年）	第二阶段（2009~2013 年）
评选项度	1. 一般赞助与小额赞助 ● 团队组织与执行能力 30% ● 创意 20% ● 可行性 25% ● 居民参与机制 25% 2. 大专青年提案 ● 与社区的联结关系 30% ● 可行性 25% ● 民众参与机制 25% ● 观点与想象 20% 3. 整合型提案② ● 议题的公共性与清晰度 25% ● 团队组织与执行能力 20% ● 社区分工 20% ● 社区整合机制 20% ● 民众参与机制 15%	1. 公共参与性 20%：计划内容的公共性与社区居民参与程度的规划 2. 计划创造度 20%：计划内容与工作项目是否具有创意性 3. 计划永续性 20%：计划未来可自行持续操作的执行程度 4. 社区影响性 20%：此计划是否对社区里的人、事、物有正面的影响 5. 操作可行性 20%：实际操作执行计划时的可执行程度
评分比例	评审委员对于计划执行的评分 100%	1. 评审委员对于计划构想的评分 20% 2. 评审委员对于计划执行的评分 30% 3. 提案单位自评 10% 4. 同组互评 20% 5. 同组推荐 10% 6. 网络人气票选 10%（2012 年、2013 年）
网络营销	1. "社区一家赞助计划"广告（我的家庭）③ 2. 书籍出版（上好一村④）	1. 社区一家 Facebook 粉丝团（2010 ~ 2013 年） 2. 社区一家电子报（2011 ~ 2013 年）
配套方案	工作访视（评审访视）	1. 规划志工服务（2009 ~ 2013 年） 2. 社区见学（2010 ~ 2013 年） 3. 社区一家影像纪录活动（2010 年） 4. 社区一家说明会（2011 年、2012 年） 5. 网络人气票选——专题报道（2012 年、2013 年）

项目	第一阶段（2004~2008 年）	第二阶段（2009~2013 年）
重要价值	形成在地居民情感凝聚	1. 提案者的学习互动平台 2. 创新议题与创意实践模式

注：①第一阶段：一般与小额赞助案，每一个提案单位择一申请，但提案单位可以同时提出跨社区合作的提案，一旦发现一案多投时，将取消资格。第二阶段：同一提案单位不得于同一年度报名两个类别，若有重复之提案单位，则以距"截止日最近"之报名资料作为最后报名类别之依据。

②若提案单位同时申请一般与整合型提案，在审查阶段，会视为不同案件，并不影响最后结果。

③信义房屋"社区一家赞助计划"我的家庭：https://www.youtube.com/watch?v=j-SB6usls_E。

④李昂、刘克襄、林文义（2008），《上好一村——18 个充满 Sun 与 Hope 的小镇故事》，台北：《天下杂志》。

资料来源：《信义房屋"社区一家计划"执行效益报告书》，2014。

二　社区一家计划执行效益说明

"社区一家计划"开始于一个简单的信念，希望能弭平纷争，回归安居乐业的稳定社会。自计划推动以来，虽然社会依旧动荡，但是却让我们看见有愈来愈多居住在这片土地上的人们，愿意勇敢地去追求所谓的"幸福感生活"。他们从身边着眼，发掘问题，进而寻找资源、伙伴，共同思考如何改善生活；在互助共好的过程中，一起用恒心毅力打造理想的社区生活。

因此，不论是第一阶段（2004 年至 2008 年）的"社区一家赞助计划"，或者是第二阶段（2009 年至 2013 年）着重于"向社区学习，生活好幸福"的"社区一家幸福行动计划"，其操作模式与计划宗旨

皆是为了提供更多元的互动交流平台，希望所有参与此计划的提案单
位或评审委员们，能从计划过程中学习到彼此对于社区的热情和积极
的态度，看到更多"原来可以这么做"的可能性。

（一）社区一家十年里程碑

2013 年是计划推动的第十年，信义房屋的坚持与努力，使其受到
各界的肯定，不仅连续八年获得《天下杂志》办理的"天下企业公民
奖"（2007 年至 2014 年），还八度荣获《远见》授予的奖项（2006 年
至 2012 年、2014 年），透过企业力量，带领社会持续向上，为台湾
地区的社会注入更多正向的能量。

此外，社区一家计划执行十年来同样在社会各界引起极大的反
响，除了平均每年有超过 667 个社区团体或个人参与提案，截至 2013
年 12 月底，在全台累积了 6671 个提案计划，其中有 1271 个社区单
位透过"社区一家"完成了梦想，影响了
1047 个社区，并于 281 个乡镇市区留下足
迹（台湾地区 368 乡镇市区中占 76%），
而获得企业志工人力支持的社区单位有
68 个。

两阶段的社区一家计划从甄选到核定
以及给予资源协助的圆梦过程中，有许多
的理想被实现，还有更多的幸福被扩散；
如同涟漪效应般，计划的推动若是能产生

图 10-2　社区一家计划颁奖典礼大合照

正向的循环，则可吸引愈多参与者的投入，而人与人之间也因此形成紧密的互动网。

（二）呼朋引伴，共襄盛举

有别于政府部门或其他民间企业的补助计划，信义房屋秉持尊重多元化主题，在坚持不限定主题的核心价值下，所有提案计划皆由提案单位主动察觉社区问题，进而向社区一家提出申请。观察历年申请提案数的变动，透过图 10-3 的数据发现两阶段的新提案率[①] 都超过了六成，显示每年的提案件数中有六成以上是新的个人或团体向社

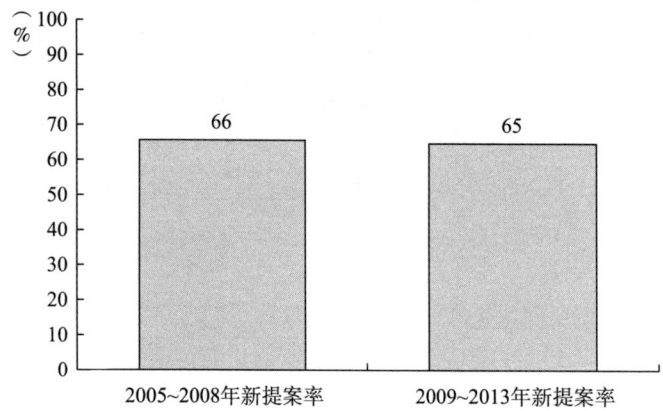

图 10-3　社区一家两阶段计划之新提案率
资料来源：《信义房屋"社区一家计划"执行效益报告书》，2014。

---

① 　新提案率：第一次提案参与计划的比例。由于 2004 年为计划第一年，因此提案件数未被列入新提案率的计算之内。

区一家提案；另外，第二阶段的新提案平均件数为 489 件左右（平均总件数为 754 件），比第一阶段的新提案平均件数 420 件（平均总件数为 580 件）还稍稍上升了 16.4%，统计数据呈现提案总件数增加，新提案的件数亦随之增加的特点。

　　社区一家能维持六成的新提案率，部分原因在于第二阶段计划为鼓励更多创意新奇的提案计划，因此新增"筑梦个人类"，使得个人提案在两阶段计划执行过程中，大幅成长了 24.9%。除了鼓励资源较少的个人提案，在组织提案方面，也鼓励未立案组织或者兼具创新与热情的组织来提案，比较两阶段计划，传统的社区组织单位（例如，社区发展协会、管理委员会、里办公室、社区妈妈教室、社区巡守队、环保志工队……）在提案率上下降约两成，而非营利组织（例如：社团法人、基金会、剧团、艺术团体、宗教团体……）则成长了近三成；另外，较特别的是学校单位（托儿所、中小学、高中职、大专院校、社区大学……）的提案成长率高达五成，推论学校单位近几年因应政府"学校社区化、社区学校化"的政策，教育主管机关希望学校能够利用社区内的资源，在"培育健全市民、教育优良下一代"的共同理念下，兼顾非正规教育，确保学校与外在环境的平衡与一致。

　　十年来，社区一家计划透过曾经参与的社区伙伴及评审委员鼓励新兴提案的申请，无形中社区一家提案单位年龄层有逐年下降的趋势。从《信义房屋"社区一家计划"执行效益报告书》中的统计数据

（社区一家问卷①）来看，整体而言，各年龄层社区参与率以中壮年人群（40岁至59岁）居多，原因在于社区组织的成员仍以社会经验较为丰富的社会资深人担任，至于参与提案的年轻人则大多为大专院校的学生，或者非营利组织、个人工作室的成员。

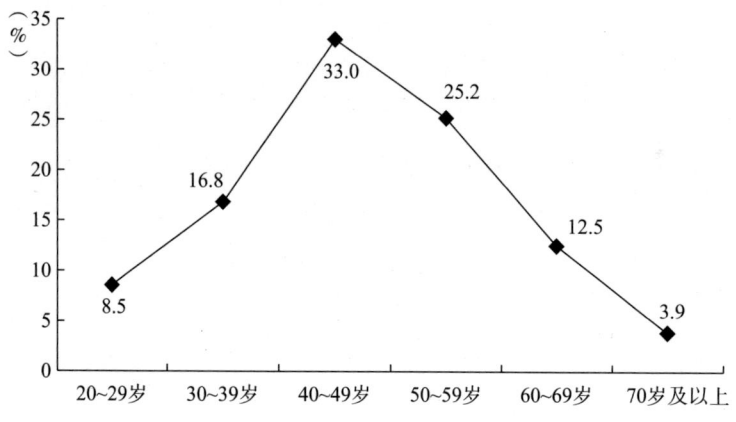

图10-4 历年社区一家计划各年龄层提案参与率

资料来源：《信义房屋"社区一家计划"执行效益报告书》，2014。

整体而言，社区一家计划在第二阶段改变了审查机制，参与提案的单位不再局限于"传统社区营造"印象中的社区相关组织，反而提供了更多元开放的管道，让更多有心、热情的人们参与社区、

———————

① 社区一家问卷分两阶段发放：一为2009年针对第一阶段计划（2004~2008年）参与的提案单位，共计发放210份问卷，填答时间为两周，回收103份问卷，回收率为49.0%；二为2013年针对第二阶段计划（2009~2013年）参与的提案单位，共计发放790份问卷，填答时间为两个月，回收420份问卷，回收率为53.2%。

改善生活。

（三）善的循环，永不止息

在计划投入的过程中，信义房屋看见
社区需要的不仅是奖助金，有时候"人"
更是重要的一环，因此自 2007 年起，信义
企业内部开始推动"信义志工计划"，鼓
励同人积极参与社区服务工作，将信义房
屋以"人"为本的精神落实至每一位同人
身上。

图 10-5　提案单位参与社区一家 "学习工作坊"

"社区一家计划"给予提案单位的是奖助金，而"信义志工计划"
则是给予人力支持与物资协助。在"多背一公斤"的倡导下，志工们
会带着信义房屋的记忆枕、环保筷、冷饮袋及彩绘组，有时也会有信
义志工爱心捐赠的二手物资与书籍……依据每次服务的对象，将不同
的物资送过去。除此之外，志工们也会带着回馈社区的心，用行动支
持社区在地产业。

"企业向社区学习"是志工进入社区的主要宗旨，当企业志工参
与社区活动时，志工们一方面能扮演帮助社区的角色，另一方面也能
担任观察记录的角色，分享在社区学习的经验与交流心得，同时增进
企业与民众之间的互动。

社区是由一群人聚集而成的，每一个社区都有属于他们独特的故
事，在志工参与服务、学习的过程当中，可以看见许多社区内感人的

图 10-6 信义志工协助社区修缮老屋（粉刷外墙）　　图 10-7 信义志工陪伴社区长者一起做运动

小故事或者大家关注的议题，借由企业志工的观察与发现将感动化为影像或文字，通过网络的传播，让更多人知晓社区的幸福行动故事。

经调查分析，2010 年至 2013 年 12 月 [①]，共计规划了 107 场志工活动，平均每个月有两场志工服务，信义志工已走访全台湾地区 14 个县市，68 个社区单位，由于参与志工活动的社区皆是参与过"社区一家计划"的提案单位，因此有时候虽然未获得任何奖助，但仍然可以透过配套方案，让社区获得社区一家所提供的支持与资源。

（四）发芽的种子，散布幸福的力量

在 2004 年"社区一家计划"启动时，在每一年的审查过程中，都会看到来自各地的提案单位对于爱家爱土地的热情与认真，也因而看见了许多"原来可以这么做"的创意。

---

① 本文调查分析"信义志工计划"之统计数据，系指自 2010 年开始，信义房屋透过社区一家媒合社区之志工活动，其中媒合的社区以曾经参与过"社区一家计划"的提案单位为主。

　　"人"是促进台湾地区向前走的最基本单位，当"人"开始正视与关心社会议题，带着正向力量共同行动时，"善"的循环即刻被启动。社区一家秉持信任原则，用最宽敞的眼与心胸看待每一个提案计划，这些计划就像种子般散落在各地发芽，能让"好的事情"在生活里发酵蔓延，走过十年光阴，发芽的种子已成长得更加茁壮了。

　　1. 个人的弹性力量——薛惠玲："彩绘防撞条及绘本故事箱"

图 10-8　薛惠玲于校园里进行彩绘防撞条活动

　　2012 年，薛惠玲以个人的力量向信义房屋申请彩绘防撞条计划，希望透过"绘本防撞条"，使校园充满活力与故事，处处可以看到绘本，也处处可以听到故事，并将故事带入家庭、带入社区。原先只是以云林县为实施点，计划执行的过程中吸引了志同道合的伙伴，遂采用任务团队的运作模式，将最少的资源发挥至最大的效益，2014年已推广到台湾地区11个县市41所学校，5000人参与完成4089个彩绘防撞条（依据2012年至2014年4月之统计资料）。

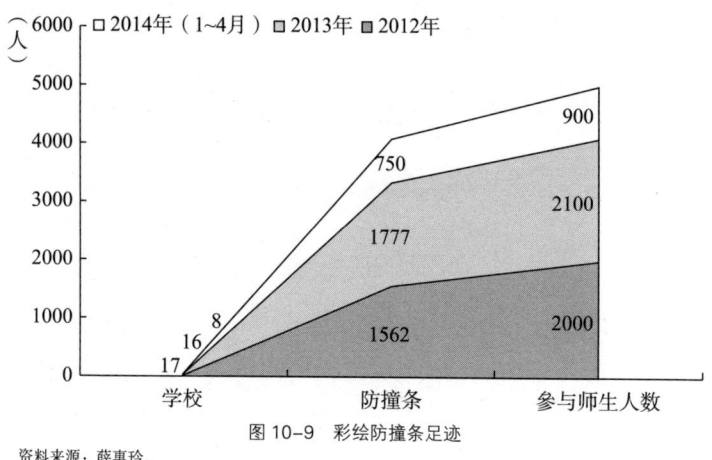

图 10-9　彩绘防撞条足迹

资料来源：薛惠玲。

2013年，薛惠玲将绘本绘入学校已废弃的旧课桌椅，创作多功能故事箱。她的创意与热情让她在走入各个校园时，都能够和学校的师生立刻成为无所不谈的好伙伴，每一次的合作与成果都是薛惠玲前进的动力，学校的老师和小朋友在彩绘防撞条或是制作故事箱时，脸上幸福快乐的表情，总是带给她很大的满足感。

目前薛惠玲除了执行"社区一家计划"之外，还开展配合信义房屋的志工活动，透过薛惠玲绘画的专长与信义志工的活力，共同合作办理五场次志工活动，投入了297位志工达2438个服务时数

（参见表10-2），在活动的过程中，志工与小朋友们的互动，激荡出最悦耳的欢笑，活动完成的那一刻带给所有参与者满满的感动与成就感。

图10-10　信义志工与云林县后埔小学的学童共同制作故事箱

表10-2　薛惠玲配合信义志工活动统计

日期	活动社区	志工人数 （人）	服务时数 （小时）	总时数 （小时）	活动内容
2013.09.18	云林县安庆小学	36	8	288	彩绘防撞条
2013.11.06	台北市志清小学	40	3	120	彩绘防撞条
2014.03.12	台中市东光小学	82	6	492	彩绘防撞条
2014.05.07	彰化县浦雅小学	65	10	650	绘本故事箱
2014.09.17	云林县后埔小学	74	12	888	绘本故事箱
总计	5场次活动	297	39	2438	

2. 平台的效益——王子辑："青年返乡推广有机农业"

图 10-11　王子辑的温室有机蔬菜

　　有感于乡镇地区青年人口外移，农业出现人力断层，家乡的农民长辈辛苦付出却未能得到合理的报酬，于是硕士毕业后王子辑回到埔里进行有机农业耕种。2013 年，王子辑为筹建示范农场设备，遂向社区一家提出"青年返乡自主耕种"计划，而后以获得的奖助金搭建三间温室种植蔬菜，成功地施作有机蔬菜，稳定了收成也间接增加了收入，产量及营收都有 3 倍增长。

　　推广有机耕作的返乡青年王子辑，希望以自身农场为中心，建立一个鼓励青年返乡耕作的示范农场，并与邻近的农民合作，共同举办农场体验的活动，在体验过程中推广有机耕作的理念，大家相互分享经验并一同整合营销，从而成为小型有机平台。

通过推广的过程逐渐产生平台效益，创立的粉丝团累积了534个赞，同时也吸引了固定订购有机蔬菜的客户；目前已将农场开放给其他农友参观，农场参访累积达170人次，后续将朝着示范农场的目标发展，努力推广有机蔬菜（依据2013年10月至2014年4月之统计资料）。

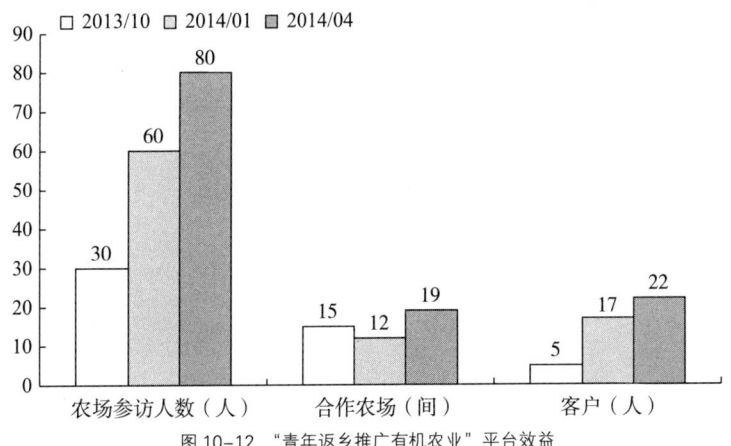

图10-12 "青年返乡推广有机农业" 平台效益

资料来源：王子辑。

在台湾地区连续发生食品安全问题的环境之下，大家对于食品来源安全的问题愈如重视，王子辑希望能让消费者了解有机耕作的辛苦，增加消费者对有机作物的信心。2014年暑假期间，他与有机农友们合作办理"有机农场生态教育暨环境教育研习"，联结在地大专院校的相关科系学生相互学习与分享，两个月总计八周的时间办理四场活动，每场活动以 30 人为限，一天 8 小时的学习时间，总计达 120 人次、学习 960 个小时。

图 10-13　王子辑与有机农友们合作办理"有机农场生态
教育暨环境教育研习"活动

三　公益平台计划

（一）操作实验性公益平台

虽然信义房屋已于 2004 年投入资金推动"社区一家计划"，2007 年赓续规划执行的"信义志工计划"着重于人力资源媒合，然而，企业仍不间断地在思考如何再帮助社区用更好的方式回馈社会。资源不仅仅是资金，还可能是物资，抑或是人力的支持，信义房屋在 2012 年发起具有实验性质的"公益平台计划"，为了让更多企业成为社区一家的公益伙伴，积极地扮演企业与社区之间的平台角色，为有需求的社区进行企业资源的公益物资媒合。

"公益平台计划"不仅让部分隐藏在计划下的需求可以透过平台获得协助，同时也吸引其他企业共襄盛举。在一年多的操作过程中，企业挹注二手物资至偏乡社区，例如，台东县鹿野乡巴拉雅拜文化艺术教育协会因社区内无学童课后学习场域，故善用活动中心的空间，但是空间内无合适的课桌椅及书柜供学童阅读与学习，信义房屋透过世贸松德店的经纪人联系上正好要搬家的诚功科技股份有限公司，于是在信义房屋居家服务中心、喜客喜股份有限公司及东宜物流有限公司的协助下，成功地将二手桌子与柜子从台北载送至台东。

另外，大安溪沿线 13 部落与社团法人南投县中寮乡龙眼林福利协会同时皆因社区照顾关怀而需要募资交通工具，在媒合的过程中，很幸运地再次透过信义房屋同人的引介，获得台北市福星扶轮社的协助；然而，在物资使用之后发现并不适合大安溪沿线 13 部落，因此便透过平台将车子转送给龙眼林福利协会。此一案例恰巧呼应"公益平台计划"的理想目标，即被帮助的提案单位，在其能力范围内，亦能从被帮助者转变为协助者，协助平台里其他需要帮助的单位。

公益平台媒合的成果显示着信义房屋在企业社会责任上的表现，董事长周俊吉期许信义房屋能够持续号召更多的企业加入社区公益的活动，不论是金钱、人力还是物资，只要能够以自我的力量回馈给社会，都是一股"善"的力量。

（二）幸福行动的网络平台

在 2012 年推动实验性"公益平台计划"的经验中，我们发现"信任"一直是社区一家的重要精神之一，信义房屋的客户因为信任经纪人而愿意加入成为企业公益伙伴，社区单位因为信任社区一家而提出物资需求。在操作过程中，不论是信义房屋的同人与客户，还是与信义房屋合作的其他企业，

图 10-14　企业物资媒合之二手办公室
设备搬运过程

还有社区一家的评审团和提案单位，媒合的成功都是建立在"信任"的基础上的。因此在规划社区一家后续运作的公益平台计划时，都还是以信任为出发点。

未来社区一家要做的不单是公益平台的概念，而是将社区一家、信义志工及公益平台三者的核心精神加以整合发展为"幸福行动的网络平台"；赓续社区一家第二阶段计划中学习工作坊的共学机制，提案单位先进入学习工作坊，而后依计划内容再进到不同主题的行动平台，透过行动平台的辅导培力与资源媒合，逐步产出多元化的社群网络关系，意即行动平台同时担负着资源供需双方的桥梁作用，其理想目标是各式主题的社群网络形成后，能跨域交流，落实"善的循环"的精神。

"幸福行动的网络平台"不仅是人与人之间的互动，期望借由信

息系统强化资源交换的功能性，以提升实时性互动学习的分享与交流，同时建立资源媒合的支持平台。信义房屋的企业公益形象，使更多支持社区一家理念的企业加入平台，企业拥有专业技术或是产业资源，第二部门的加入促使网络平台更具多元性，让有限的资源能送到真正需要帮助的地方。

四 结论

（一）不限提案议题，实现幸福的梦想

政府部门每年都会提供各种类型的社区补助，但大多需要配合"由上而下"的政策方针而规划执行内容，因而无法依据社区实际的需求给予协助。"社区一家计划"则不局限主题的方向，以"由下而上"的模式，鼓励提案单位透过自主活动和居民参与共同关心的公共议题，以网络连接的方式，利用区域特质或公共议题，扩大其社区参与的范围，并且开放个人及未立案组织的提案，只要是年满20岁的居民皆有资格提出申请，此项创举为社区营造注入一股新的力量，引发各界的强烈关注。

虽然社区一家计划没有设定提案主题，但通过长期观察历年提案申请内容，不难发现其主题面向偏向于人文教育及环境，由此显示出提案符合计划"以人为本、从身边着手"的核心概念，这一概念也凸显在提案单位对于社区发展及生活改善的认知上，提案单位仍会从人

与生活环境着手，并辅以教育的方式，试图拉近陌生人之间的距离。另外，社会公共议题也呈现在提案内容中，例如，青年返乡创业或务农，以及新住民、原住民的课题，还有多元成家的议题。台湾地区历经社区发展到社会运动再到社区营造，"社区一家计划"历年提案的主题方向显示出市民社会的养成已逐渐发展为"互助互利、资源共享"的社群营造模式。

（二）社区晋升为评审，化被动为主动

"向社区学习"是第二阶段计划的口号，打破以往评审团只有专家评审的规范，自2009年起，"社区一家计划"邀请过去连续获奖的单位担任社区评审，形成"评审向评审学习"，希望借由二者在不同领域的经验与视野，能以更宏观、包容的心，审视社区一家的提案计划。

此外，"社区一家计划"首创由提案单位担任评审的机制，设置了社区互评、社区提问、社区推荐、社区自评、网络人气票选等项目，希望确实达到"社区向社区学习"的目的。2014年《信义房屋"社区一家计划"执行效益报告书》的问卷调查显示，有九成以上的提案单位认同社区评分的机制，其中有97.1%的提案单位认为社区提问是有意义的。

过去，我们总是让提案单位以被动的角色，等待他人给予评价，为扭转提案单位在社区一家计划里的角色，而赋予其任务，希望透过学习工作坊与评审团的互动，以及社区评分的机制，让提案单位能积极主动地去了解其他社区在做哪些事，认识新的社区伙伴，抑或是寻求可合作的资源等，形成相互学习、自主学习、向专业学习的"共学网络"。

（三）企业社会责任的重要价值

在信义房屋长期投入社区工作十年的时间，"社区一家计划"支持了 1271 个社区计划，鼓励同人参与志工活动，并尝试借由"社区一家计划"吸引其他企业共同加入，逐渐影响其他群体的认识。这些努力让信义房屋受到了各界的肯定，同时于无形中直接、间接地鼓励更多的民间团体或个人投入社区工作，更进一步促使政府相关行政部门重视社区营造的政策实施，形成政府部门、民间企业与社区组织的"共同治理"（public governance），这对于累积社会资本（social capital）、建构在地知识（local knowledge）有莫大的帮助。

在企业履行企业社会责任的过程中，在短期内也许无法立即看见其所产生的效益，但它却是影响企业成长和产业发展的一个规范，例如，台新公益慈善基金会举办的"您的一票，决定爱的力量"活动，邀请"中华"电信基金会、研华文教基金会担任公益伙伴，更有超过10 家企业宣誓加入活动天使团，提供企业或个人资源，让爱的力量无限延伸。基于此，若能透过信义房屋召集更多的企业伙伴一同"把爱传出去"，在人力或物力上给予提案单位协助，确实将资源送到有梦想的人手上，即能达到"善"的永续循环的目的。

参考文献：

高希均审订，林宜谆编著（2008），《企业社会责任入门手册》，台北市：天下
　　远见。

王本壮、蓝忻怡（2014），《信义房屋"社区一家计划"执行效益报告书》，未出
　　版之研究报告，台北市：信义房屋。

图书在版编目（CIP）数据

社区 X 营造：政策规划与理论实践／王本壮等著
. -- 北京：社会科学文献出版社，2017.11（2021.4 重印）
（社区营造专业教研书系. 教学与研究系列）
ISBN 978 - 7 - 5201 - 1645 - 9

Ⅰ. ①社… Ⅱ. ①王… Ⅲ. ①社区建设 - 研究 - 台湾
Ⅳ. ①D669.3

中国版本图书馆 CIP 数据核字（2017）第 261046 号

社区营造专业教研书系·教学与研究系列
社区 X 营造
——政策规划与理论实践

著　　者／王本壮 等

出 版 人／王利民
项目统筹／谢蕊芬
责任编辑／胡　亮

出　　版／社会科学文献出版社·群学出版分社（010）59366453
　　　　　　地址：北京市北三环中路甲 29 号院华龙大厦　邮编：100029
　　　　　　网址：www.ssap.com.cn
发　　行／市场营销中心（010）59367081　59367083
印　　装／北京玺诚印务有限公司

规　　格／开　本：787mm × 1092mm　1/16
　　　　　　印　张：17.25　字　数：185 千字
版　　次／2017 年 11 月第 1 版　2021 年 4 月第 2 次印刷
书　　号／ISBN 978 - 7 - 5201 - 1645 - 9
定　　价／69.00 元

本书如有印装质量问题，请与读者服务中心（010 - 59367028）联系